El Publirock

J. R. S. Saenz

Copyright © 2022 José Rodrigo Saltó Sáenz

All rights reserved.

Para Denisse Prado Dupont...

Gracias a ti mis libros ven la luz

Índice

PRÓLOGO. 9

TIPS PARA FUTUROS PUBLICISTAS. 11

    ¡DISCLAIMER! 13

    ¿QUÉ ESTUDIAR PARA SER PUBLICISTA? 15

    ¿QUÉ TAN NECESARIA ES UNA LICENCIATURA PARA SER PUBLICISTA? 17

    ¿SIRVEN LOS TRAINEES? 20

    ¿CÓMO CREAR UN BOOK EFECTIVO? ¡APRENDE A VENDERTE! 22

    5 COSAS QUE NUNCA DEBES DECIR EN UNA ENTREVISTA DE TRABAJO. 25

    5 COSAS QUE NADIE ESPERA DIGAS O HAGAS EN UNA ENTREVISTA DE TRABAJO (Y DEBERÍAS HACER). 27

    ¿SER CREATIVO O SER CUENTAS? 30

    ¿ESTÁS LISTO PARA LOS BOMBERAZOS? 32

    ¿CÓMO DESARROLLAR TOLERANCIA A LA FRUSTRACIÓN? 34

    ¿COPY Y ARTE? ¿CÓMO SER ALIADOS? 36

    ¿CUÁNTO DEBO COBRAR? TIPS PARA FREELANCERS 38

    ¿PARA QUÉ SIRVEN LOS PREMIOS Y CONCURSOS? LA CRUDA REALIDAD. 41

    ¿PUBLICISTAS CON TRAJE? LA VERDAD SOBRE EL CÓDIGO DE VESTIMENTA DE AGENCIA. 45

    ¿CÓMO PONER TU PROPIA AGENCIA? ¡SORPRESA! NO PUEDES. ...48

TIPS PARA EMPRESAS. 53

    ¡DISCLAIMER! 55

    ¿CÓMO SABER SI TU MARCA NECESITA PUBLICIDAD? 57

    ¿QUÉ HACE LA PUBLICIDAD? *SPOILER ALERT* ¡NO VENDE! 59

    ¿CÓMO USAR LAS REDES SOCIALES PARA MI EMPRESA? 61

    ¿NECESITO CONTRATAR UNA AGENCIA DE PUBLICIDAD? 63

¿HACER O NO HACER PITCH? ESE ES EL DILEMA. 65
¿CÓMO CREAR UN BRIEF EFECTIVO? 67
¿CÓMO MEDIR LOS RESULTADOS DE LA PUBLICIDAD? 71
¿CUÁNTO CUESTA UNA BUENA PUBLICIDAD? 74
YA TIENES TU CAMPAÑA ¿Y AHORA? 75

EL KNOW HOW QUE TODO PUBLICISTA (Y CLIENTE) DEBE SABER. 77

¡DISCLAIMER! 79
¿QUÉ SIGNIFICA "MÁS PUNCH"? 81
HABLEMOS DEL FAMOSO DIFERENCIAL. 83
PERSONALIDAD DE MARCA. ¿POR QUÉ MONTBLANC NO LE VENDE A ESPÍAS? 86
¿QUÉ ES EL ADN DE LA MARCA? 89
DEFINIR UN TARGET ES MUCHO MÁS COMPLEJO DE LO QUE PARECE. 92
CONCEPTO, EJECUCIÓN, CALL TO ACTION, REASON TO BELIEVE E INSIGHT. 95

¡BONUS! 99

GLOSARIO PUBLICITARIO 99

BIBLIOGRAFÍA 133

MULTIMEDIA 134

ACERCA DEL AUTOR 135

PRÓLOGO.

¡OK! ¿Estás listo para saber los oscuros secretos de la publicidad? En el PUBLIROCK revelaré todo lo que necesitas saber para ser un publicista efectivo, y también haré algo tan prohibido, tan oscuro, tan hereje, que posiblemente las sociedades secretas de la publicidad me persigan para toda la vida...

¿Estás listo para saber qué?... Le daré TIPS a las empresas para saber cómo, cuándo y por qué hacer publicidad. ¡ASÍ ES! Porque el 87.3% de la población mundial tiene una falsa idea de todo lo que es el glamoroso mundo de la publicidad, y es momento de ponerle orden.

Mi nombre es Roy, y soy publicista. Desde agencias hasta corporativos internacionales, lo he visto y hecho todo, más de 1000 comerciales de T.V, radio, prensa, BTL, digital y pozole los jueves lo comprueban.

Decidí escribir el libro que me hubiera gustado leer cuando iba a la universidad y el gusanito de la publicidad comenzaba a rascar la parte trasera de mi cerebro.

Así que, si tienes dudas, quieres ser publicista, trabajas en una agencia, o necesitas hacer publicidad para tu empresa o marca, te recomiendo le eches un ojo al PUBLIROCK, porque esta información es tan valiosa... que no sé cuánto vaya a durar.

TIPS PARA FUTUROS PUBLICISTAS.

¡DISCLAIMER!

Esta sección está enfocada y dedicada a aquellos que buscan integrarse al glamoroso mundo de la publicidad, ya sea que estén pensando estudiar una carrera que los acerque hacia esa meta, o que estén por integrarse al sexo, drogas y Rock & Roll que es este hermoso ambiente laboral.

Sin embargo, cualquier persona puede nutrirse de la sabiduría milenaria que he vertido con pasión en estas páginas.

Si eres un empresario, CEO, o te determinas a ti mismo como CLIENTE, tengo una sección completamente dedicada a ti que podrás leer más adelante, pero eres más que bienvenido en estas páginas.

¿QUÉ ESTUDIAR PARA SER PUBLICISTA?

¿Así que quieres ser publicista eh? Quieres vivir el glamoroso mundo de los premios en Cannes, las modelos, el champagne, las fiestas de fin de año con los clientes millonarios y las chicas de cuentas... quieres el sexo, drogas y rock & roll que te prometieron.

Por Ron Jaffe/AMC.

Primero déjame te digo que solo tendrás Pornhub, aspirinas y reggaetón. La glamorosa vida de la publicidad no es como la pintan. Ahora que sabes eso ¿Todavía quieres ser publicista?

¡Así me gusta! Valientes. Ok, ¿ya sabes qué tipo de publicista quieres ser? Copy, arte, cuentas, community manager, etc. Te la pondré fácil y lo dividiré en 2 sectores. Creativos y Cuentas. De nuevo, estas no son las únicas áreas de una agencia, pero simplifican bien los roles para encaminarte mejor hacia tu decisión.

Si no quieres tener nada que ver con la ejecución creativa, es decir, crear el slogan, pensar en el concepto, básicamente, meterte al mero mole y

HACER la campaña, entonces vas para CUENTAS, y lo más recomendable es que estudies mercadotecnia.

Porque en la chamba rara vez tendrás algo que ver con el proceso creativo, no es que nunca le entres al quite, pero tu chamba chamba es estratégica, y para eso está la mercadotecnia.

Si lo que te late es dibujar, diseñar, y eres el artista de la familia, vas para DISEÑO. OJO todos te dirán que hay una sobrepoblación de diseñadores y que está saturado el mercado... Y ES VERDAD, y desgraciadamente los diseñadores siempre, SIEMPRE, son el último eslabón en la cadena alimenticia de las agencias, ¡hasta de los freelancers!

Pero todo eso puede cambiar si estudias diseño multimedia, cada vez hay más demanda por profesionales que sepan diseñar (y programar) páginas web, apps, animaciones, motion graphics, etc.

Si no vas para diseñador (de ningún tipo) pero lo tuyo lo tuyo es la creatividad, ya sea porque te encanta escribir, visualizas en tu mente historias y conceptos, o simplemente no sabes qué carajos hacer de tu vida. COMUNICACIÓN o PUBLICIDAD te educarán lo suficiente para agarrarte a madrazos en el mundo de la publicidad, ya sea como Copy, Content Manager, Community Manager o alguno de esos puestos de nombre raro que se inventan las agencias, pero que en realidad siguen siendo COPY.

Si lo que quieres es estudiar cine, dedícate a hacer cine, el mundo de la publicidad está plagado de directores de spots que siempre quisieron hacer una película. No será fácil, no será rápido, pero es el camino correcto.

Y si vas a estudiar Comunicación Organizacional... no seas animal y mejor estudia Administración de Empresas.

¿QUÉ TAN NECESARIA ES UNA LICENCIATURA PARA SER PUBLICISTA?

Yo estudié una licenciatura en comunicación y me especialicé en publicidad, pasé 4 años de mi vida aprendiendo en salones la teoría y práctica necesaria para salir al mundo laboral y patear traseros ¿por qué? Porque es el paso lógico, estudias una carrera, encuentras un buen trabajo, luego te casas, construyes tu casa con tus propias manos y tienes 3 hijos rubios de ojos azules que te mantendrán cuando seas viejo... por eso.

Pero la realidad es que nada de lo que aprendí en los salones me ha ayudado profesionalmente, NA-DA.

Nunca en mi vida profesional me han pedido que genere una campaña con base en las teorías de Savater o de Humberto Eco, nunca me han preguntado sobre la historia de la publicidad, sus orígenes en el medievo o con los gladiadores, y lo más importante, muchas veces cuando traté de seguir lo que había aprendido en clases... en el mundo real ya no funcionaba.

Ahora, no estoy diciendo que no aprendí ni madres en la universidad, aprendí un chingo, pero de los profesores, de los buenos y chingones profesores cuyas clases les apasionaba tanto que el temario era solo un pretexto. De ellos aprendí cómo ser crítico, proactivo, culto, de ellos aprendí la importancia de la ortografía, de leer, de explorar, de experimentar, me contagiaron su pasión por temas y técnicas que al día de hoy me siguen ayudando en mi día a día. Y conocí amigos y compañeros que a la fecha guardo y, que en su momento, incluso me ayudaron laboralmente.

Pero... Habiendo dicho esto, el 78.3% de todo lo que sé lo aprendí trabajando, el 14.7% lo aprendí en internet, y sólo el 7% lo aprendí en la universidad... SÍ... ASÍ DE EXACTO.

Hace algunos años acompañé a mi jefe y dueño de la agencia donde trabajaba a una cita con un cliente en Querétaro, y de regreso veníamos platicando de sus hijos, porque acababa de tener una niña y su chavito estaba por cumplir 4 años, y llegamos al tema de la universidad, y su visión del tema se me hizo tan buena que se las platico.

Si su hijo quisiera ser chef, un gran chef, él (mi jefe) buscaría al mejor chef de México y le diría "Señor Chef, la carrera de gastronomía de mi hijo, en una universidad picuda, me sale en casi un millón de pesos a 4 años, yo le pienso dar ese millón de pesos a usted en un período de 4 años, si entrena a mi hijo y me lo hace tan chingón que en 4 años tenga trabajo seguro con usted, pero un buen trabajo". Creo que aplica perfectamente para publicidad. Claro, no todos tenemos un millón de pesos para invertir, pero la idea no es esa.

Lo que estoy tratando de decirte es que la experiencia vale muchísimo más que el papel, la teoría y las bases son importantes, pero eso lo pueden aprender incluso en sus celulares, pero la práctica, el saber cómo reaccionar ante una situación particular, el aprender a liderar un proyecto REAL, solo se aprende metiendo las manos a la masa.

¡OJO! Hablo del glamoroso mundo de la publicidad, si quieres ser doctor, abogado, ingeniero o arquitecto...

1) Gracias por comprar y leer este libro, compárteselo a quien más confianza le tengas

2) TÚ SÍ necesitas una licenciatura y un título que avale que te sabes de memoria los preceptos básicos de tu profesión.

Pero para todos lo demás, si invirtieran todo ese tiempo, esfuerzo y dinero en estar día a día rodeado de los mejores en su campo (tu pasión) aprendiendo, anotando, experimentando, fallando y comenzando de nuevo con la fuerza de diez mil soles, estarían mejor preparados y mil pasos adelante que cualquier licenciado tratando de entrar al mundo del cual ustedes ya serían parte.

Pero... ser becario o trainee ¿será la respuesta? Eso lo sabremos en otro capítulo del Publirock.

¿SIRVEN LOS TRAINEES?

¿Una fábrica clandestina en India o los trainees de Ogilvy? Tú decides

Getty Images

Yo nunca fui trainee, ¡PERO ESPERA! ANTES DE QUE CIERRES EL LIBRO, Yo HE tenido trainees, y sinceramente la única razón por la que eran trainees y no un puesto de planta fue porque MIS jefes no querían pagar. Así de simple, no fue una decisión mía, no tenía nada que ver con su experiencia o habilidades, simplemente los altos mandos no querían pagar un sueldo completo.

Ahora, entiendo que el puesto de trainee o becario es de medio tiempo, por lo que no debería tener un sueldo completo, pero...

A)   Eso del medio tiempo es algo utópico, la mayoría de los becarios y trainees se fletan igual que los demás

B)   Ok, no sueldo completo, pero tampoco miserable, que sea exactamente la mitad que su homólogo de planta.

La verdad es que si, como dije en un capítulo anterior, los diseñadores son el último eslabón en la cadena alimenticia, los trainees ni siquiera figuran en ella. Si ya tienes experiencia o ya te graduaste, aplicar para un puesto de becario o trainee es una grosería.

Y tú, CEO o reclutador, sí... ese que está leyendo este libro y que sabe perfectamente que un trainee o becario no recibe la capacitación suficiente para ser un activo competente de la empresa, ese que sabe que no aprenderá las técnicas que utiliza su homólogo de planta, ese que sabe que su salario y contrato son solo dos pesos arriba de ser considerado legalmente esclavo, ese que sabe que el contrato de 3 o 6 meses no será renovado, y si sí, lo será por otro de 3 o 6... TÚ... CHINGA TU MADRE.

Pero... si no tienes experiencia o apenas estás estudiando, sí es recomendable que te avientes el tiro de ser becario, como ya he dicho, la experiencia es lo más importante, y si estás en cero nada ni nadie te dará la oportunidad más que siendo trainee. Pero ya que tengas experiencia (a lo mucho y ya es lo más exagerado del mundo, un año) no deberías aceptar ser becario nunca más.

Y te estarás preguntando, "¿Cómo puedo conseguir el puesto si en cada entrevista me batean?" Pues yo te tengo la solución, pero eso lo veremos en otro capítulo.

¿CÓMO CREAR UN BOOK EFECTIVO? ¡APRENDE A VENDERTE!

Imagina que posteas una vacante para tu área o tu agencia, es una vacante chingona y te medio urge que te lleguen candidatos, por lo que la publicas en todos lados, en Facebook, en LinkedIn, en Boomerang, la pasas a tus amigos, la publicas en tu site, la chingada vacante está en todos lados. Y te vas a dormir tranquilo sabiendo que la magia del Internet dará resultados.

Al día siguiente te despiertas y descubres antes de lavarte los dientes que tienes 684 mails 67 comments y dos cabrones durmiendo en la puerta de tu casa currículo en mano. En la vida vas a leer todos y cada uno de ellos, nunca, jamás, never.

Ahora regresemos a la realidad, porque tú eres uno de esos perdidos en el mar de CVs.

Lo primero que tienes que tener es un book interesante, pero no pongas todo lo que has hecho en la vida, al reclutador le vale madres ese flyer que hiciste para el despacho de tu tío, o la tarea con el logo bonito que entregaste los primeros semestres.

Agrega únicamente tus mejores trabajos, y enfoca tu book al puesto que quieres tener; si es de diseñador asegúrate que sean lo más vistosos posibles y que el book tenga un diseño sorprendente, si es para copy no pongas la letanía de todos tus trabajos, divide cada proyecto en marca, problema, solución, y toque personal: ¿Cuál era la marca a la que le trabajaste? (aunque haya sido tarea) ¿Cuál era el reto? ¿Cómo lo solucionaste y cuál es el toque especial que le diste? Así, sin necesidad de poner todo, darás a entender tu trabajo. Lo mismo si el puesto que buscas es estratégico.

Por muy creativo que seas, siempre necesitarás un CV formal para acompañar a tus trabajos, un CV que puedas imprimir sin necesidad de gastar la millonada en tinta, pero ser formal no está peleado con la originalidad.

Agrega tus datos personales y de contacto hasta arriba, agrega tu foto, pero por piedad de los dioses no pongas una foto en el pedo o echando rostro, busca una foto casual y adecuada.

Agrega tu objetivo profesional, vete tan lejos como quieras, "Quiero eventualmente poner mi fábrica de chocolates para perros veganos" Cámara, ponlo, que sepan a qué le tiras.

Formación académica, qué estudiaste, dónde, especifica si ya estás titulado o no. Si no estudiaste una carrera sáltate este paso, no pongas la prepa o la primaria, a nadie le importa.

Habilidades, cosas como trabajo en equipo, liderazgo, proactividad, etc., lo pone cualquier simio entrenado con una computadora, agrega habilidades que podrías aportar a un área, habilidades que no solo te impulsan a ti sino a otras personas, investiga las necesidades actuales de las empresas y enfócate en cubrirlas, especialízate en una técnica que agregue valor y que pocos dominen, piensa qué puedes aportar en un mundo que avanza en meses lo que antes hacía en años, ¿qué necesita el mundo después de la pandemia del COVID-19?, piensa qué habilidades en verdad aportan valor cualitativo y cuantitativo y, como consejo personal, agrega algo que desentone, como "experto en chistes de pepito", o "excelente Dj de canciones aleatorias en Spotify".

Principales logros; ¿has ganado algún premio? ¿Qué le has aportado a las empresas donde has estado? Agrega algún logro personal como "campeón de spelling bee en 4to de primaria" o "publicación de un artículo en la revista tal" algo que te haga sobresalir del resto de la godinada.

Experiencia laboral, aquí es el momento de ponernos serios, especifica el puesto y funciones que realizaste. Ponlo en bullets y procura que no sean más de 5 por puesto.

Y, por último, agrega en tu CV referencias, de dos a tres personas que avalen lo chingón que eres... No pongas a tu mamá, eso no vale.

Una vez que tengas esto enfócate en el mail. Ponle un título interesante como "Emergencia, este mail cerró las vacantes" o "Más que un creativo ofrezco un hechicero medieval con experiencia en agencias". Y agrega en el cuerpo de mail una pequeña carta de presentación, que exprese de manera sencilla pero efectiva quién eres y por qué eres el más chingón entre todos los demás, por qué eres tan importante que debería descargar tu CV y BOOK y echarles un ojo.

Sigue estos pasos y ya tienes el 67.3 del camino, el resto será tu entrevista, y para eso te tengo 10 tips en los siguientes capítulos.

Te dejo uno de los mejores books (reel) que he visto en mi vida. Si esto no te inspira a pensar fuera de la caja, no sé qué lo hará:

1. Droptree | "HD Delivery" (OFFICIAL MUSIC VIDEO)

5 COSAS QUE NUNCA DEBES DECIR EN UNA ENTREVISTA DE TRABAJO.

Crees que es muy obvio, crees que es cuestión de sentido común, pero te aseguro que si evitas decir o hacer las siguientes cosas, estarás kilométricamente delante de tu competencia.

1. Evita alardear: Es bueno hablar de ti y de tus logros, pero si pareces presumido te van a mandar a volar antes de que termines de ver las oficinas. Enmarca tus logros diciendo "La empresa/ agencia/ marca necesitaba _____ y después de mucho pelotear con el equipo, di con la idea de _____".

2. No llegues demasiado temprano: La puntualidad es clave, pero si llegas 35 minutos antes de tu cita no sólo aparentarás estar desesperado, sino que meterás presión en los tiempos de tu entrevistador, y eso hará que te atienda de manera desordenada, y quizá de malas. Llega en punto, si es necesario que esperes en el carro, hazlo.

3. Nunca hables mal de tus jefes ni trabajos anteriores: Aunque hayan sido unos jodidos contigo, tienes que aparentar que de todos y cada uno de ellos te llevaste una gran lección, así fuera aprender cómo no hacer las cosas.

4. No importa el puesto al que apliques, NUNCA vayas en fachas. Si tienes un traje limpio (y no rosa o metálico) ÚSALO por piedad del señor, si no, jeans limpios y camisa. Si eres niña imagina que vas a conocer a la mamá de tu pareja y es una señora súper criticona, eso te ayudará a atinarle a la cantidad de "formalidad". Y no, no importa que vayas para creativo, no te van a contratar en ese momento por tus ideas, tus ideas son las que te van a mantener contratado. Así que ya quítate esa pendejada de la cabeza.

5.   Si te piden que te definas en X cantidad de palabras, NUNCA digas CREATIVO/A, eso es lo menos creativo de la creación.

Ahora ya sabes QUÉ NO HACER, pero ¿Qué SÍ puedes y debes hacer?

5 COSAS QUE NADIE ESPERA DIGAS O HAGAS EN UNA ENTREVISTA DE TRABAJO (Y DEBERÍAS HACER).

Todo mundo dice y hace lo mismo en las entrevistas de trabajo, pero aquí te van 5 trucos que te ayudarán a destacar (de manera positiva) y harán que tu entrevistador diga "Este cabrón está cañón". Cabrona si eres mujer.

1. Lleva un entregable que te defina. Diseña un muñeco "cut-out" con tus datos y top 5 razones para contratarte (entrégalo armado o con una muy buena cajita e instructivo), o una compilación de tus historias en formato libro, o diseña un llaverito con tu tarjeta de presentación, algo que el entrevistador se quede y lo esté viendo todos los días como recordatorio de tu creatividad.

2. Disfraza virtudes de defectos. Cuando te pregunten tus defectos o áreas de oportunidad, di cosas que de ninguna manera afectarían tu trabajo, como: me como las uñas, me duermo en el cine, siempre se me olvida bajar la tapa del baño. O también puedes disfrazar virtudes, como: Soy un obsesionado de la puntualidad, hay días que no duermo porque me apasiono con un proyecto, si me obsesiono con algo no descanso hasta verlo terminado. De esta forma tus verdaderos defectos seguirán siendo un secreto.

3. Defínete con atributos raros. Cuando te pidan que te definas, evita decir lo típico; creativo, proactivo, líder, etc. Cámbialo por adjetivos como; folklórico, espontáneo, irreverente, mágico, colorido. No solo romperás con la rutina y harás evidente tu creatividad, sino que generarás más tema de conversación y eso hará que te quedes en la mente del entrevistador.

4. Apréndete el nombre de tu entrevistador y háblale de tú. Siempre haz contacto visual (sin parecer psicópata) y cada que puedas refiérete a tu entrevistador por su nombre para generar una sensación de ligereza y familiaridad durante tu entrevista.

5. Hazle preguntas a tu entrevistador sobre su experiencia. ¿Cuánto llevas tú aquí? ¿Qué es lo más padre de trabajar aquí? ¿Cuál es el mayor reto de trabajar aquí? Estas preguntas no solo muestran un interés genuino de tu parte, sino que harán que el entrevistador tome una posición de mentor ante ti.

Y como plus te voy a dar mi arma secreta, esta técnica me permitió vencer a cientos de candidatos (literalmente) y me abrió las puertas de Cartoon Network (donde trabajé por más de tres años).

Generalmente el entrevistador terminará "su turno" y preguntará si tienes alguna duda, el 99.9% de los candidatos elige entre estos dos caminos...

1) "No, nada, todo está muy claro"

2) Preguntar sobre prestaciones, sueldos, estacionamiento, etc.

Créeme, ya se la saben, ni te van a escuchar, PERO, si cuando te pregunten si tienes alguna duda, activas esta carta secreta, te GARANTIZO, te van a contratar.

¡Activaste mi carta de trampa, entrevistador!

Di lo siguiente (al pie de la letra):

"Sí, una duda rápida, al cabo de un año, ya sea yo o la persona que decidas contratar, qué debo (nota el juego de palabras) haber logrado en ese año para que TÚ ____ (inserta el nombre del entrevistador aquí) digas – Qué buena decisión tomé al contratar a ese cabrón- ".

Este mind fuck nuclear se quedará en la mente del entrevistador POR AÑOS. Y en ese momento lo fuerza a imaginar que ya te contrató, que cumpliste todas tus metas y que él recibió algo a cambio por eso. Además, servirá para que entiendas cómo te medirá la compañía y qué esperan de ti en términos fríos y reales.

Créeme, 11 de cada 10 veces funciona.

¿SER CREATIVO O SER CUENTAS?

Cuando comencé la carrera de Comunicación no tenía idea de qué quería hacer cuando terminara la universidad. Te plantean que puedes ser y hacer lo que quieras, porque sabrás de todo; cine, televisión, radio, prensa, comunicación organizacional y, obviamente, publicidad.

En cuarto semestre ya más o menos sabía que radio y tele no eran lo mío, la prensa me daba huevita y organizacional ni existía para mí, así que estaba entre cine y publicidad. Cuando me di cuenta que no sería el próximo Tarantino, me fui por publicidad y ¡OH SORPRESA! Ahí también tienes que elegir qué carajos quieres hacer con tu vida.

En el glamoroso mundo de la publicidad hay muchos puestos, y parece que cada día se inventan nuevos, y hoy por hoy todos te dirán que cada puesto es una mezcla de todos, y que si eres creativo también tienes que ser estratega, y si estás en cuentas le tienes que entrar al quite en el peloteo. Pero la neta es que esto no es así, zapatero a tus zapatos. ¡Claro! Entre más sepas de distintas áreas mejor profesionista serás, pero la cruda realidad del día a día es que si entraste de creativo... de creativo te vas a morir, lo mismo si eres community manager, abogado, contador, o payaso de rodeo.

Así que te diré lo que hizo que yo desde antes de salir de la universidad quisiera ser creativo, y lo que a lo largo de mi vida laboral ha hecho que confirme mi decisión.

En toda la universidad tuve un amigo al que llamaremos JM, y éramos la dupla perfecta, él siempre investigaba a la perfección la tarea y yo la exponía como si fuera la cura contra el cáncer, él decía cuándo vernos, qué hacía cada quién, y para cuándo entregarlo, y yo me encargaba que todo quedara bonito y chingón. Él era muy bueno para determinar los resultados que debería tener la campaña, y los medios que podíamos usar con el presupuesto, pero era malísimo para crear conceptos, nombres, slogans o visualizar la campaña. Y así fue como nos dimos cuenta que éramos tan buena dupla creativa porque él era perfecto para cuentas y yo para creativo.

Él era ordenado, enfocado a resultados, estratega, y yo tenía facilidad de palabra, de abstracción, y sabía perfecto cómo generar distintas ejecuciones de un solo concepto.

Entre más pasan los años más reitero que lo mío lo mío es ser creativo, no me molesta quedarme hasta la madrugada si sé que estoy trabajando en MI idea, me encanta ver la frase que creé en un espectacular, ver en un spot de tele el guión que tenía en un Word, me gusta mucho complementar las ideas de otros y escuchar el feedback que tienen de las mías.

Pero si a ti te gusta investigar, enfocarte a resultados, planificar los medios más efectivos para la campaña, trato directo con clientes, y tienes la paciencia de un santo para lidiar con gente como yo, entonces lo tuyo lo tuyo es ser de cuentas.

De nuevo, estoy englobando en dos grandes grupos los chingomil puestos que existen.

Pero si vas a ser creativo ¿Estás listo para los bomberazos? Eso lo veremos en otro capítulo, a ver si muy salsa.

¿ESTÁS LISTO PARA LOS BOMBERAZOS?

No me refería a esos bomberazos pero, ¿Sabías que yo hice el pitch de esa campaña? ¡Y nos robó la idea el cliente sin contratarnos!

Un bomberazo es ese mágico momento en la vida de todo publicista donde todo parece estar tranquilo, en orden, y de repente ¡PUM! Necesitas entregar un proyecto importantísimo en cuestión de horas. En verdad es un momento mágico, porque te desaparece todas las ganas de seguir viviendo.

Hay de bomberazos a bomberazos, algunos toman horas, otros te obligan a desvelarte, y otros tan sólo son la neurosis de cuentas y lo terminas sacando en minutos, pero algo es seguro, son prioridad y son para ayer.

Existe una regla no escrita que dicta que cada vez que haya un bomberazo que amerite te quedes en la agencia pasada tu hora de salida, el jefe debe comprar tu amor con pizza y cervezas (porque ni de pedo te va a pagar horas extras). Y ese es el verdadero problema de los bomberazos, salen de la nada, alteran tu día, tu rutina, tus otros proyectos y chamba, te obligan a cancelar planes y TODO por el mismo precio de siempre. Pero como amas tu trabajo, tu chamba, y quizá hasta la marca, te quedas con gusto porque "eso es lo que se siente ser publicista".

Pero te voy a decir un secreto que he aprendido trabajando para docenas de marcas distintas y con clientes nacionales e internacionales... NADA URGE.

Así merengues, nada urge, porque aunque acabes el proyecto en la madrugada, NADIE lo va a recibir o checar a esa hora, y hay un 99.87% de probabilidades de que le hagan cambios al día siguiente, y esos cambios los entregarás ese día o el que sigue. N-A-D-A urge, pero se ha vuelto parte del modus vivendi de las agencias creer que trabajar toda la noche o en chinga hace que los clientes se queden para siempre... SPOILER, de todos modos se van.

Así que si piensas ser parte del glamoroso mundo de la publicidad, vete haciendo a la idea de que tu hora de salida es tan solo un mito urbano. Y si eres jefe y estás leyendo esto, ojalá te des cuenta que

a)   NADA URGE

b)   Pizza y cervezas son alimento, no pago

c)   Primero está tu gente y luego el cliente

Y si ya te chingaste y andas atorado en un bomberazo, lo mejor será que trabajes en tu tolerancia a la frustración, y para eso te tengo un par de tips que veremos en el próximo capítulo.

¿CÓMO DESARROLLAR TOLERANCIA A LA FRUSTRACIÓN?

En el glamoroso mundo de la publicidad nada sale a la primera, nunca. Siempre habrá ajustes, cambios y nuevas direcciones que alterarán tu idea o estrategia original, y eso puede ser castrante, porque TÚ eres el profesional, TÚ eres el experto, TÚ trabajaste la idea y la cuidaste como a un hijo, pero estás olvidando algo muy importante… Tú eres un empleado.

No eres un artista, bueno, quizá sí lo seas en tu vida personal, pero en una agencia o como freelance eres tan solo una herramienta para lograr los objetivos tanto de la empresa como del cliente. Una vez que aceptes esto, será más fácil soportar cambios, bomberazos, clientes, juntas y demás pesadeces de la vida laboral

Pero si eso no es suficiente, agárrate que ahí te van 5 tips para desarrollar o mejorar tu tolerancia a la frustración:

1. Defiende tu idea 2 veces, si a la tercera rebota, da la batalla por terminada.

2. Evita decir "NO", tan sólo generarás conflicto, trata de darle la vuelta a la situación o explica una mejor manera de hacer las cosas.

3. Date breaks, respira, haz algo completamente diferente al tema que te molesta, y después regresa con la cabeza fría.

4. Bájale al café y tómate un té. Suena a remedio de abuelita, pero el café pone a tu sistema en alerta y una sobrecarga de cafeína puede generar sensación de ansiedad.

5. Haz dos versiones, la tuya y la que te pidieron, agrega ambas a tu book y explica las diferencias SIN hablar mal de nadie.

Y si con esto aún no superas el sentimiento de frustración, siempre podrás encontrar un aliado con quién ventilar tus pesares. Y para eso te tengo otro tip en el próximo capítulo.

¿COPY Y ARTE? ¿CÓMO SER ALIADOS?

Aún recuerdo mi primer día en la agencia donde conocería a mi futuro socio, Manuel. Él era el diseñador Alfa de la agencia y yo acababa de entrar para inaugurar el área de redacción. Y al principio me odiaba.

La razón principal era que ahora las ideas partían de mis copies, relevando a los diseñadores a un proceso casi de maquila. Yo no lo hacía con esa intención, la agencia solo me dijo "lo que tú escribas ellos diseñan" pero tampoco jamás pasó por mi mente acercarme a ellos, aprender de ellos, crear un proceso de equipo y no de cadena de producción.

Tomó un par de meses y Manuel, tan callado y serio como es, se acercó y me dijo "Y si… mínimo más o menos le describes ahí en tus copies qué putas te imaginas visualmente". Y así ¡PUM! Comenzó nuestra bella historia de amistad… ¡NOT! Tomó varios intentos de trabajar juntos para encontrar la sinergia perfecta, al final descubrimos que lo que mejor nos funcionaba era primero platicar la idea entre nosotros, después yo generaba el concepto y bajaba el copy, y en mi archivo describía lo que me imaginaba visualmente. Después Manuel leía la descripción, concepto y copy, y buscaba la manera de mantener la esencia, pero le daba su toque, y su toque siempre ha sido kilométricamente mejor que el mío.

Ya después le ayudé con ideas para darle el anillo a su ahora esposa y eso nos unió cabrón, pero esa es otra historia.

La lección aquí es que hay que aprender a hablar entre áreas, buscar la manera de trabajar en equipo, suena cliché, pero es verdad, es impresionante la cantidad de agencias donde cada área está por su cuenta y solo se comunican por mail o por la gente de cuentas. No estoy diciendo que sean los mejores amigos, probablemente eso no suceda, pero sí pueden enriquecer el trabajo del otro tan solo peloteando la ejecución 15 minutos juntos.

¿CUÁNTO DEBO COBRAR? TIPS PARA FREELANCERS.

La universidad nos enseña muchas cosas, pero olvida lo importante, ¿Cómo demonios cobrar? Nos la pasamos haciendo favores y encargos, y rara vez cobramos por ellos, o cobramos con favores, como una suerte de trueque.

Después comenzamos a tener más experiencia y empezamos a cobrar lo que creemos es un precio justo por nuestro trabajo, ¿y qué sucede? Comienza el regateo o perdemos el trabajo ante el primo del vecino que cobra más barato.

Pasa el tiempo y comenzamos a cobrar no lo justo, sino lo que creemos que nos pueden pagar. Los clientes generalmente se aprovechan de esta situación, no porque sean malos o jodidos, sino porque son profesionales con experiencia y buscan exprimir cada centavo ¿los culparías?

Pero hay maneras de evitar este abuso, si bien no son infalibles, lo importante será que decidas aplicarlos y no flaquear. No es fácil ser freelance, tampoco serás millonario, pero con estos 5 trucos puedes empezar a profesionalizar tu trabajo.

5 tips para aprender a cobrar.

1.	Define un precio por hora. ¿Cuánto cuesta una hora de tu vida? Piensa en la calidad de tu trabajo, en el esfuerzo que te toma en promedio cada proyecto, sé sincero contigo mismo, no eres la última Coca-Cola del desierto y nunca lo serás, pero tampoco eres un amateur o un charlatán. Puedes buscar comparativas en Internet, pero lo mejor será que empieces por tu cuenta. Piensa que el trabajo más sencillo que hagas te debería pagar lo suficiente como para pagar lo que sea que hayas gastado en ese momento para hacerlo y dejarte un poco más.

2.   Define una tabla de trabajos y precios. Define los trabajos que sabes hacer (BIEN) no trates de comer más de lo que puedes masticar. Y habiendo definido tu precio por hora sabrás cuánto cobrar por cada uno.

3.   Cobra 50% de anticipo y 50% al entregar. Suena muy obvio, pero casi nadie lo aplica, cobra la mitad ANTES de empezar a trabajar, y el otro 50% para entregar archivos finales, editables, HD etc. después de las revisiones finales.

4.   Cobra por pruebas de tu trabajo. Nunca falta que te digan, "Me encanta tu trabajo, pero antes de contratarte requerimos una prueba" Si ya viste mi trabajo no requieres una prueba, Acaso a un cirujano plástico le dices "Me encanta tu trabajo, pero antes de arreglarme la nariz necesito que me hagas la lipo de a gratis para ver si sí le sabes". Si te piden pruebas cobra por ellas, no caro, significativo, y explica por qué lo haces. Sí en verdad les "encanta" tu trabajo lo pagarán, si no, no tomes el proyecto porque no te ven como un profesional, te ven como un encargo.

5.   Crea paquetes. Crea tres paquetes para vender más fácil tu trabajo, el básico, el intermedio y el Premium, el básico debe ser austero por eso el precio es bajo, el intermedio es el que quieres que te compren, no solo demuestra tus talentos, sino que el precio es justo, el Premium es el que casi nunca te van a comprar, pero sirve para que el cliente conozca toda tu oferta.

Así lo manejaba Netflix ¿Cuál crees que fuera su plan más vendido?

Selecciona el plan ideal para ti

✓ Ve todo lo que quieras. Sin anuncios.
✓ Recomendaciones exclusivas para ti.
✓ Puedes cambiar de plan o cancelar cuando quieras.

	Básico	Estándar	Premium
Precio mensual	$139	$219	$299
Calidad de video	Buena	Mejor	Óptima
Resolución	480p	1080p	4K+HDR
Ve Netflix en tu TV, computadora, celular y tablet	✓	✓	✓

Así lo maneja ahora.

NETFLIX	BÁSICO CON ANUNCIOS	BÁSICO	ESTANDARD	PREMIUM
PRECIO	99 pesos	139 pesos	219 pesos	299 pesos
COMERCIALES	Anuncios de 4 a 5 minutos por hora	Sin anuncios	Sin anuncios	Sin anuncios
RESOLUCIÓN	Puedes ver en HD 720p	Puedes ver en HD 720p (Disponible a partir de noviembre de 2022)	Puedes ver en Full HD 1080p	Puedes ver en Ultra HD 4K

Aplica estos 5 tips y te será más fácil profesionalizar tu trabajo como freelance.

¿PARA QUÉ SIRVEN LOS PREMIOS Y CONCURSOS? LA CRUDA REALIDAD.

¡Para NADA!

Bueno, espera... supongo que todo depende. Si lo que buscas es algún tipo de reconocimiento por tu talento artístico, los concursos y los premios son una gran manera de lograrlo.

Llenar poco a poco tu anaquel con estatuillas, diplomas y galardones hará que te veas como Homero Simpson cuando presume su Grammy a Frank Grimes (Gramito). En pocas palabras, te verás interesante y consumado.

Pero, ¿qué otro beneficio fuera de aumentar tu ego, traen esos premios? Uno pensaría que entre más premios obtengas más valdrá tu trabajo en el mercado... pero no es así, o al menos no para 9 de cada 10 publicistas.

Verás, los premios y concursos en realidad son un medio para que:

a) El publicista pueda liberar su lado artístico y experimentar con ideas que usualmente no podrían existir en una estrategia mediática real.

b) Para que las marcas puedan justificar parte del gasto presupuestal en comunicación y publicidad.

Al día de hoy, ninguna marca me ha preguntado cuántos premios he ganado para aceptar trabajar conmigo, lo mismo en entrevistas de trabajo y juntas con clientes. La realidad es que agregarlos en tu CV hará que se vea más lleno, pero no determinará tus probabilidades de contratación ni tu sueldo.

Por otro lado, hay publicistas famosos, como Raúl Cardós, que ostenta el honor de ser el creativo más galardonado de México, o agencias como Ogilvy y Terán que dedican el 50% de sus esfuerzos laborales en ganar premios. Porque en su momento, y durante más de 20 años, las agencias se medían a ellas mismas a través de los premios como Cannes, llegando a cobrar más caro a sus cuentas AAA (Premium) y dándose el lujo de excluir cuentas pequeñas o medianas.

Sin embargo, el boom del mundo digital enseñó a las empresas que todo debía y podía medirse, así que poco a poco, desde principios del nuevo siglo, las marcas comenzaron a interesarse más por resultados de negocio, y menos por recibir premios por parte de sus agencias que cobraban igualas millonarias.

Esto permitió la entrada de nuevas agencias y consultorías que comenzaron a abarcar el mercado de las pequeñas y medianas empresas que NUNCA se interesarán por participar en concursos, y ¡Oh Sorpresa! Más del 80% de las empresas en EL MUNDO entran dentro de esta categoría.

De igual manera, en el book de un publicista, lo que pesa es la calidad del trabajo y la manera en que lo comunica. Un experimento creativo que realizaste en tu lap en ratos libres tiene el mismo peso que un Young Lions, si la calidad es genial y lo vendiste al entrevistador como la cura contra el cáncer.

Un premio solo avala que alguien más decidió que eras bueno, y como es bien sabido en el medio, muchos de estos premios pueden ser, y son, comprados, agendados o planificados con antelación.

A partir de la pandemia mundial del COVID-19, muchas agencias grandes perdieron a sus clientes Premium que optaron por soluciones más efectivas y, en muchos casos, más económicas.

Muchos publicistas perdieron sus plazas en agencias y empezaron el glamoroso mundo del freelanceo, y entre todo el caos e incertidumbre, la economía mundial sufrió un golpe como no se había visto en décadas. Esta situación ha generado una visión de túnel en las empresas, donde lo único que importa es sobrevivir y evolucionar.

Más que premios y galardones, aquello en lo que debes enfocarte es en agregar valor para alcanzar los objetivos de negocio de las marcas.

Si te conviertes en ese profesional que ayude a este propósito con su talento, liderazgo e innovación, no habrá premio en el mundo que pueda avalar tanta chingonería.

2. Los premios sirven para hacer enojar a Gramito.

¿PUBLICISTAS CON TRAJE? LA VERDAD SOBRE EL CÓDIGO DE VESTIMENTA DE AGENCIA.

La idea del publicista ha cambiado conforme a las décadas, los hombres de traje de Mad Men hoy parecen un estereotipo totalmente ficticio, reemplazado, en su momento, por el creativo fodongo y de chanclas, después por el hipster de lentes, camisa de cuadros y tirantes, y hoy por hoy por una mezcla entre el estereotipo del "millenial" con una pizca de la "generación Z".

Pero, ¿hay un código de vestimenta real para el glamoroso mundo de la publicidad? La respuesta corta sería NO, pero antes de que tires todos tus trajes y corbatas por la ventana permíteme explicar la respuesta larga, SÍ.

Al momento de escribir este libro el mundo está encerrado en sus casas debido a la pandemia del COVID-19, lo que ha forzado a muchas empresas, entre ellas agencias de publicidad y freelancers, a trabajar de manera remota a través del home office.

Nadie espera que vistas de traje en tu casa, de hecho, es muy probable que el uso de calzado se haya perdido para siempre en los anales de la historia. Sin embargo, hay una regla básica que ha sido incluso satirizada en todo tipo de medios; "Vístete para el trabajo que quieres, no para el que tienes".

Si bien esto podría llevar a un incremento en personas vestidas de superhéroe de manera radical, el verdadero significado de la regla básicamente es que te des la importancia de tu profesión. Si tú no te respetas lo suficiente como para expresar desde cualquier ángulo tu profesionalismo, nadie más lo hará por ti.

¡OJO! No estoy diciendo que debas vestirte de gala siempre, el reflejar tu profesionalismo va mucho más allá de la ropa que puedas llegar a utilizar.

Hablo de tu lenguaje corporal, la manera en la que hablas y te expresas, cómo te desenvuelves en público, incluso si el público es virtual y tú estás en la comodidad de tu hogar.

Hablar con seguridad, pararte o sentarte sin encorvarse, comandar la atención de las personas cuando hablas y ser agradable, son elementos que te harán destacar entre los demás y marcarán la percepción que se quede grabada en la mente sobre ti, sin importar tu puesto.

Sabiendo esto, la ropa que decidas usar aportará a esta percepción, si usas chanclas y playeras hawaianas en una junta importantes es probable que no aporte mucho a la percepción que se tenga de ti y, en caso de que aún no hayas construido una reputación con tu audiencia, será lo primero que recuerden de ti. De igual modo si llegas de traje a una junta donde todos están de playera, te verás ridículo.

Hace algunos años, cuando comenzaba mi vida profesional, recuerdo que uno de mis compañeros de trabajo me platicó que él siempre buscaba vestirse como "un licenciado en comunicación", "¿Cómo es eso?" le pregunté, siendo YO un licenciado en comunicación. "Lo opuesto a un granjero". Sin más explicación detrás de sus palabras al día de hoy he interpretado ese "consejo" como "vístete como alguien que ha estudiado y trabajado lo que tú" y con base en eso decido cuando subirle de tono a la formalidad y cuándo es más que correcto usar tenis y playeras de superhéroes (mucho más seguido de lo que la vida me ha hecho usar traje).

En conclusión, si ya dejaste de ser estudiante, no te vistas como estudiante, vístete como el publicista que eres, y si tu look son chanclas y camisas Hawaianas, más te vale tener la personalidad de diez mil soles para que en la próxima junta, TODOS te estén copiando el look.

Este soy yo dando una conferencia ante mil personas. Peinado de Ragnar Lothbrok, blazer mamalón y playera blanca sin manchas.

¿CÓMO PONER TU PROPIA AGENCIA? ¡SORPRESA! NO PUEDES.

Al menos NO como te lo imaginas...

¡Ah! El sueño de todo estudiante de publicidad, comunicación o mercadotecnia, la meta final de todo aquel que entra a una agencia, trabaja 6 meses y decide que lo suyo es "chingarle para él y no para alguien más" ¿Te suena familiar?

Seré MUY sincero contigo, hoy por hoy (año 2020) es mucho más fácil de lo que era cuando comencé a plantear las ideas para generar este libro, ya que la pandemia del COVID-19 revolucionó la industria de la publicidad, las exigencias del mercado, y las necesidades capitales para comenzar un negocio propio.

Sin embargo, necesito platicarte un par de cosas que romperán tu burbuja, pero te darán ideas para afinar tus metas y planes.

Al terminar la universidad, a las dos semanas, unos compañeros de generación abrieron su agencia. Si bien eran personas con capital propio, su fuerte no estaba en que la pusieron gracias a su dinero, sino a que su idea, de hecho, era muy buena.

La agencia se llamaba ROSA MEXICANO, un nombre que a la fecha se me hace espectacular, claro que si buscas el nombre en cualquier buscador aparecerán decenas de empresas con ese nombre, pero en su momento era un gran nombre para un gran concepto.

La imagen corporativa era muy buena, la había realizado uno de los "socios" diseñador gráfico, y habían diseñado y programado una página web divertida e interesante (aún no explotaban wix.com y plataformas similares).

Eran cinco "socios" y cada uno ofrecía un servicio diferente:

El Director Creativo era el responsable del área de publicidad.

Su novia era la Directora de Relaciones Públicas.

Uno de sus amigos, el más "alternativo" era el Director de producción.

Una chica era la Directora de Arte y Diseño.

Y otro de sus compadres era el director de Arquitectura… en una agencia de publicidad (que hacía de todo).

¡Tenían hasta oficina! Patrocinada por uno de sus familiares, pero oficina al final del día, y muy bonita, por cierto.

La agencia quebró a los tres meses.

Podría enlistar fácilmente una docena de razones por las cuales este fue el trágico final de Rosa Mexicano, pero me enfocaré en tres puntos que considero fueron los pilares del fracaso de esta, y cualquier otra agencia, empresa, startup, o idea de negocio que siga sus pasos:

1) Invertir sin recibir nada a cambio:

Como les comenté, tenían una oficina muy bonita y acondicionada a su concepto de Rosa Mexicano, pagaron por el diseño y programación de una página web, y eran demasiados "socios".

Si bien hoy por hoy ninguna de estas cosas es esencial, por ejemplo, la página web la puedes armar tú mismo en Wix, manejar tu comunicación a través de redes sociales, y la oficina es un lujo inútil (en especial durante la pandemia del COVID-19) en ese momento del espacio-tiempo, y en esas circunstancias… ¡TAMPOCO LO ERA! Poner una oficina solo para tenerla fue uno de los peores gastos que pudieron haber hecho, y remodelarla fue la pérdida de dinero más hedonista de la década.

Y todo esto, sin tener un solo cliente. Hoy por hoy puedes comenzar un negocio con solo la promesa de un producto, e invertir en ese producto conforme la demanda del mismo aumenta, sin descapitalizarte jamás.

Nunca en la historia de la humanidad ha sido más fácil reducir gastos operativos para una empresa.

2) Empezar sin clientes:

¿Han escuchado la frase de "todo empieza con un sueño"? Pues es mentira, una vil y asquerosa mentira, todo empieza con un cliente. Es así de frío y así de sencillo.

Todo lo que aprendiste en la universidad se basó en el concepto de las 4Ps; Producto, Precio, Plaza y Promoción. Pues hoy esas P significan "Pérdida de Tiempo" porque son obsoletas.

Tener un producto increíble, en este caso la agencia de mis compañeros, no sirve de nada si nadie la necesita o la quiere comprar, crear una idea de negocio basada en el PRODUCTO es el fallo más grande desde la creación de los doritos 3D, ya que hoy por hoy es el cliente quien busca la mayor conveniencia para hacer de su vida más fácil.

No sé si me estoy explicando, así que trataré de sintetizar las 4Ps en un nuevo concepto (que no es mío, es de Annmarie Hanlon de Smart Insights) denominado las 4Cs

PRODUCTO – CONSUMIDOR

PRECIO – COSTO

PLAZA – CONVENIENCIA

PROMOCIÓN – COMUNICACIÓN

Lo que básicamente quiere decir es que "Ofrecer un producto" no sirve de nada, hay que analizar qué busca el mercado y otorgar una solución.

El precio es irrelevante, ya que el consumidor no analiza cuánto cuesta un producto, sino cuánto le cuesta a él adquirir ese producto. De ahí la conveniencia, entre más fácil y cómodo sea adquirir el producto, menos peso tendrá su precio, y por último la comunicación, ya que promocionar un producto o servicio no genera reacciones emocionales, se necesita entablar una verdadera empatía con el mercado para moverlo.

Y como ya vimos, Rosa Mexicano había empezado su vida laboral con cero pesos en el banco, muchas deudas y ningún cliente en el horizonte.

3) No especializarse en nada:

Seguramente al leer esta historia hubo un punto que resaltó como verruga en la nariz de tu crush, la parte de arquitectura... ¿Qué coños hacía un arquitecto en una agencia de publicidad? De hecho, también la parte de producción audiovisual salía sobrando.

Las empresas, marcas, personas etc. No contratan todólogos, contratan expertos, una agencia que hace de todo, en realidad termina por hacer nada.

Si Rosa Mexicano hubiera encontrado su nicho, quizá hubiera sobrevivido, al menos más tiempo que los meses que vivió.

En conclusión ¿Puedes poner tu agencia? ¡Claro que puedes! Y hoy es más fácil que nunca, pero... ¿puedes hacer que tu agencia funcione? La respuesta más cercana a la realidad es que probablemente NO. Si no sabes conceptos básicos de administración, si no has encontrado tu nicho, si no sabes cómo, cuándo y dónde conseguir clientes, si no tienes el tiempo para estar involucrado en el 100% de las actividades de tu agencia al menos hasta que las utilidades encuentren un balance y la operación un ritmo, si no sabes cómo comunicar tu propia marca a otros y, lo más importante, no sabes cómo ser jefe y no socio... entonces mejor sé asalariado un par de años más Y APRENDE.

3. Rosa Mexicano tuvo la misma cantidad de clientes que pixeles en este spot.

TIPS PARA EMPRESAS.

¡DISCLAIMER!

Esta sección está enfocada a todo CLIENTE de la publicidad, sin importar si NUNCA has tenido contacto con un publicista, o si llevas años tratando con agencias, te prometo que de una u otra manera terminarás esta sección un poco más sabio, un poco más guapo, quizá más alto y, sobre todo, con una mejor guía sobre cómo comunicar tu marca de la manera más efectiva posible.

Pero si no eres cliente también eres bienvenido😊

¿CÓMO SABER SI TU MARCA NECESITA PUBLICIDAD?

Probablemente si alguna vez la pregunta ha cruzado tu cabeza, en efecto necesitas publicidad, pero trataré de ser más específico. Empezando por quitarte de la cabeza la idea de que "Así lo hemos hecho siempre, y así nos ha ido bien". ¿Sabes quién no piensa así? Tu competencia, ¿y sabes por qué te preocupa tu competencia? Porque han decidido que para ganarte no necesitan ser como tú, necesitan ser mejores, y para ser mejores hay que ser diferente.

Déjame explicarte en 5 sencillos puntos por qué necesitas publicidad.

1. La gente que te conoce ya no te compra. Tienes un target específico, y lo has hecho excelente para que te quieran y te compren, pero ese target ya te quiere y ya te compró, ya no hay nada nuevo que ofrecerles, por lo que necesitas darte a conocer en otro sector.

2. Tienes la misma imagen y slogan desde hace más de 5 años. Ni siquiera Palacio de Hierro se puede salir con la suya, ¿o acaso te sigue gustando su campaña de "Soy Totalmente Palacio"? Necesitas renovarte, quizá te asuste un cambio extremo, así que puedes empezar refrescando tu slogan, campaña, identidad visual o hasta tu logo.

3. La competencia que no te preocupaba, cada vez es más fuerte. Eras el líder, y quizá lo sigues siendo, pero aquellos competidores que antes te admiraban y te temían ahora no podrían preocuparse menos de si vives o mueres, te han comido lo suficiente del pastel como para ya no voltearte a ver. Pero ¿qué crees? Todavía puedes recuperar todo lo que perdiste.

4. Crees que hacer publicidad es estar en Facebook. Si para ti, la publicidad de tu marca es solo Facebook, o peor aún, flyers, catálogos y

tu página web que no has actualizado en años. POR PIEDAD DEL SEÑOR contrata un profesional.

5. Cada vez es más difícil sobrepasar tus objetivos mensuales y anuales. La publicidad no se trata de "verse bonito", es una de las mejores herramientas para alcanzar tus objetivos laborales. Si necesitas darle un empujón a tu empresa o marca, es momento de contratar un profesional.

Si más de uno de estos puntos hizo clic contigo, entonces es momento de hacer publicidad, pero… ¿Qué hace exactamente la publicidad?

¿QUÉ HACE LA PUBLICIDAD? *SPOILER ALERT* ¡NO VENDE!

Vayamos al grano, la publicidad no vende, y si piensas medir la efectividad de una campaña o de tu agencia por las ventas, mejor despide a todo tu equipo de ventas y contrata publicistas... o viceversa.

Durante años nos han taladrado la idea de que una buena campaña de publicidad es aquella que aumenta las ventas, pero la realidad es que la publicidad es tan solo un factor dentro de un mar de circunstancias y acciones que afectan las ventas.

Déjame darte un ejemplo concreto; Supongamos que tu empresa fabrica chocolates, y contratas una agencia de publicidad para que haga una campaña para uno de tus chocolates, La agencia realiza la campaña, le haces cambios, la apruebas y sale a la luz. La agencia quería utilizar televisión, prints, y redes sociales, pero tu presupuesto solo alcanza para redes sociales y conseguiste a través de tus contactos espacio en la revista Merca 2.0. Al cabo de 3 meses las ventas de tus chocolates siguen igual ¿Qué demonios pasó? ¿Fue una mala campaña? ¿Pésimo concepto? ¿Mala agencia?

La realidad es que hubo muchos factores de por medio, quizá la campaña y el concepto eran geniales, pero estaba diseñado para vivir en distintos medios que se complementaran, al salir solo en redes sociales solo la gente que ya seguía tu página se vio interesada, la revista Merca 2.0 es una de las más importantes pero ningún niño la lee. Desde ahí ya había un problema, quizá quién sí vio la publicidad tenía ganas de comprar el chocolate, pero no tenía carro, no tenía dinero, quizá al llegar a la caja el cajero se portó mamón, quizá no lo encontró en el súper. Todos estos factores y media docena hicieron que no se cerrará la compra ¿Puedes culpar a la agencia por el cajero, la gasolina, la falta de dinero o de stock?

Si la publicidad vendiera las agencias estarían llenas de vendedores o todos los equipos de ventas serían publicistas. Pero... si la publicidad no vende ¿entonces qué #$%& hace?

La publicidad genera una intención, es persuasiva, es una guía, es la que te dice "¡Oh! Tienes hambre, ¿no se te antoja una deliciosa hamburguesa con este logo gigante a un lado?" Y tú dices "¡Es verdad! Muy buena idea, voy por una". No crea una necesidad, que no te mientan, lo que hace es explotar esa necesidad para generar deseo, y enfoca ese deseo en una marca o producto en específico.

Ahora bien, no podemos obviar el hecho de que todas las empresas viven y mueren por las ventas. Y la publicidad sí o sí debe apoyar al incremento de las mismas. Pero su rol no es directo, es parte de un todo.

Más adelante analizaremos cómo medir los resultados de la publicidad. Por ahora podemos quedarnos tranquilos de que una buena campaña publicitaria debe mover la aguja de las ventas, pero medir la efectividad de la publicidad únicamente a través de este factor es un gravísimo error.

Pero... ¿si sólo me alcanza para las Redes Sociales? Para eso también te tengo un par de consejos que veremos en el próximo capítulo.

¿CÓMO USAR LAS REDES SOCIALES PARA MI EMPRESA?

¿Crees que tener muchos likes está ayudando a tus ventas? Cuando posteas ¿te la pasas poniendo ofertas? ¿Contrataste un community manager y te subieron los likes en menos de un mes? ¿Sabías que puedes comprar likes de niños esclavos vietnamitas?

Si crees que llevar las redes sociales de tu empresa es como:

A)   Llevar tus redes personales

B)   Tener un catálogo de tus productos sin tener que pagarle a la sección amarilla

¡Por piedad de Dios, contrata una agencia!

De entrada, métete en la cabeza que no necesitas de TODAS las Redes Sociales para tu empresa. ¿Tu consumidor principal son mujeres entre 25 y 35 años? ¿No? Entonces no necesitas Pinterest ¿Actualizas a tu público con información relevante más de 5 veces al día y en tiempo real? ¿No? Olvídate de Twitter. ¿Sabes de foto o video? ¿Estás dispuesto a contratar un fotógrafo profesional que haga verse bien a tus productos y servicios? ¿No? ¡Salte de Instagram! ¿Haces videos cada semana? ¿No? Mijo... ¿Qué haces en YouTube? ¿Tu producto o servicio se ve bien bailando? ¿Qué haces en Tik Tok, tío? "Pero tengo muchos videos corporativos" ¡Pónlos en tu PÁGINA WEB!

¿Sabías que LinkedIn es una de las mejores Redes Sociales para una empresa? ¡No! Porque solo piensas en ti, Karl.

Y, por último, Facebook, la joya de la corona de las Redes Sociales. Si utilizas el Facebook de tu empresa como un escaparate de promociones, créeme, lo estás matando. Las redes sociales de una empresa deben ofrecer un valor agregado al usuario, debe sentir que cada una de las redes que le ofreces le está dando un servicio o producto EXTRA por el mismo precio de siempre, ese precio es tu producto o servicio. Un ejemplo de eso sería ofrecer tips sobre el TEMA de tu negocio, si vendes pintura, ofrece tips de diseño interior, si eres abogado ofrece pequeños tips legales que tu público pueda usar INMEDIATAMENTE.

En resumen, aprende qué redes sociales usar, cuándo, y con qué contenido de valor. Y si no sabes, contrata profesionales.

Pero... ¿En verdad necesitas contratar una agencia de publicidad? Eso lo veremos en el próximo capítulo.

¿NECESITO CONTRATAR UNA AGENCIA DE PUBLICIDAD?

¿La verdad? No, en especial en este mundo post COVID-19.

¿Entonces puedes tirar a la basura todo lo que has leído en este libro? ¡No! Ya deberías saber que siempre hay algo oculto en cada capítulo.

Me refiero a que no necesitas contratar a LA IDEA QUE TIENES DE UNA AGENCIA. Porque créeme, lo que vive en tu mente como una mezcla satánica entre Mad Men, Google y la fábrica de Willy Wonka, no existe y nunca ha existido.

Pero, también entiendo que has vivido engañado por la propaganda de las grandes agencias que te han hecho creer que una agencia de publicidad es un anexo corporativo a tu equipo de mercadotecnia, y cada semana deben escupir campañas geniales que te hagan ganar millones de dólares.

Si vas a quedarte con algo de este libro, espero que sea la siguiente frase; no necesitas contratar una agencia, una consultoría, o un freelance, lo que necesitas es contratar profesionales, punto.

Es así de sencillo, cuando te duele una muela vas al dentista a que te saque la muela, pero no es necesario contratar a todo un equipo médico, en cambio si necesitas una cirugía, en tu cuenta estarán los honorarios de diversos médicos y especialistas de la salud que se encargaron de que todo saliera bien con tu operación de rodilla.

Lo mismo sucede en el glamoroso mundo de la publicidad. Quizá lo que necesitas sí sea una agencia de publicidad, con todas sus letras, porque buscas tener como contacto a una persona de cuentas que funja como líder de proyectos para sacar tu cuenta adelante, un equipo creativo que pueda aterrizar los mejores mensajes tanto en texto como en diseño para comunicar tu marca, diversos estrategas que planifiquen acciones de marketing en distintos canales, expertos que analicen cómo se mueven tus datos digitales y qué dice tanta data, y quizá, de vez en cuando, un trainee que llevé los cafés a las juntas con el equipo.

O quizá no necesitas tanto, quizá solo necesitas alguien que aporte algo nuevo a tu equipo de trabajo, a un área que ya existe en tu compañía o que pueda crearla desde cero, o quizá solo necesitas a un loco visionario que no trabaje en tu compañía ni sienta que trabaja para ti, sino contigo. En cualquiera de estos casos lo que deberías buscar es profesionales que puedan aportar a tu marca aquello que hoy no puedes hacer, y si estos profesionales te parecen caros… recuerda que no te sacarías la muela con el dentista más barato del mercado.

¿HACER O NO HACER PITCH? ESE ES EL DILEMA.

Regresemos a mi ejemplo favorito, el dentista. Si te duele la muela y ya conoces a un dentista a quien le tengas confianza, irás con él y se acabó la historia, pero si no conoces a ningún dentista, lo más seguro es que pedirás recomendaciones. Aquellos que te parezcan como una buena opción recibirán el beneficio de una llamada o mensaje para saber su disponibilidad y tarifa, y con base en eso tomarás una decisión.

Pero en ningún momento los pondrás a competir para ver quién saca la mejor muela. Decirlo suena a chiste, pero es la realidad con la que el mercado está acostumbrado a medir a las agencias.

Seguramente estás por contestar "Pero, ¿cómo saber que son buenos? ¿Cómo saber que me va a gustar lo que hacen?" Y yo te contestaré, "¿cómo saber que sí te va a quitar la muela que te duele y no un colmillo?".

Por alguna extraña razón, las empresas se han tragado la idea de que las agencias de publicidad (y todos sus allegados) son una raza diferente a toda profesión, empresa e industria en el universo. Pero no es así, una agencia de publicidad es una empresa como cualquier otra, ofrece sus servicios a través de los profesionales que trabajan en ella, y se hacen de una reputación (buena o mala) como cualquier otra empresa... trabajando.

Si quieres saber cómo trabaja cierta agencia de publicidad, ve su book, pídeles su reel, pide referencias, investiga con qué marcas han trabajado y qué han hecho para ellas. Quieres saber sus precios ¡pregunta! En la gran mayoría de los casos las agencias adecúan sus recursos y tarifas al tamaño de proyecto o marca.

Quieres saber si te va a gustar lo que hacen o trabajar con ellos, puedes tener una cita de trabajo o una llamada (video llamada en este mundo post COVID-19), pero la intención de está reunión será para discutir el proyecto y las ideas que podrían aportar, tal y como lo harías platicando con un doctor en una consulta antes de agendar la extracción de tu muela.

Hacer un "pitch" o "licitación" cada vez está peor visto en la industria, y muchas agencias y profesionales de la publicidad se rehúsan a entrar en estos "concursos de talentos", de hecho, muchas agencias han comenzado a cobrar por asistir a un pitch, lo que seguramente limitará tus opciones de trabajo.

Así que si buscas profesionales que se apasionen por tu marca y proyecto, te recomiendo ampliamente que los trates con el mismo respeto que lo harías a tu dentista.

¿CÓMO CREAR UN BRIEF EFECTIVO?

Uno de mis cómics favoritos son los X-Men, de hecho, Cyclops es mi mutante favorito (Wolverine es demasiado Basic White Bitch para mí). Sin embargo, el personaje con el poder que yo considero más interesante y al mismo tiempo desastroso es el mero mero de todos, ¡Así es! Estoy hablando del profesor Xavier. Qué terrible y al mismo tiempo fascinante debe ser poder no solo leer la mente de las personas, sino tener la habilidad de controlarlas a voluntad.

Verás, en los cómics, el profesor Charles Xavier es el telépata más poderoso del mundo, gracias a una mutación genética que le permite acceder al potencial completo de su mente. El profesor Charles Xavier ha sido representado en pantalla por actores de la talla de Sir Patrick Stewart y James McAvoy, y ESTO NO ES UNA CLASE DE COMICS, sin embargo, creo que mi punto es claro...

A menos que seas o contrates a un poderoso telépata (o seas Sir Patrick Stewart o James McAvoy) NADIE es esta villa del señor puede saber qué estás pensando, así que asumir que un publicista lo hará, es uno de los errores más grandes que puedes cometer de manera operativa.

Precisamente porque los publicistas no leemos mentes, creamos hace miles de años un documento místico-mágico-musical que nos permite hablar, en medida de lo posible, el mismo idioma que el cliente.

El archivo básicamente es un breve "cuestionario" que llena el cliente con el mayor detalle posible, buscando ser claro y preciso, detallando el proyecto a entregar, el mercado meta al cual estará dirigido, fecha de entrega, presupuesto y, de ser posible, objetivo deseado.

Algo así:

Cliente:

Campaña:

Fecha (en que se entrega el presente Brief)

Fecha de entrega esperada (por parte de la agencia)

----

1. Descripción Breve del proyecto:

Esta es la primera parte del brief y quizá la más importante, por lo que un par de líneas generalmente NO ES SUFICIENTE para describir el proyecto y sus alcances, así que vuélvete loco y explica todo lo que puedas.

2. ¿Cuál es el público objetivo al que quieres llegar?

Indica toda la información posible. Edad, género, lugar de origen, intereses, actitudes, estilos de vida, etc.

3. ¿Cuáles son los objetivos de esta campaña?

Indicar objetivos de negocio y de comunicación tanto generales como específicos. Deben estar en sincronía con los objetivos generales de la marca. Una vez definidos se establecerán los KPIs de medición.

4. ¿Qué quieres comunicar con esta campaña?

Definir el beneficio principal o valor que queremos comunicar al público objetivo. Concretar tanto aspectos funcionales como emocionales.

5. ¿Cuál es la fecha de lanzamiento?

Indicar fecha estimada de lanzamiento y condicionantes a tener en cuenta para respetar dicha fecha o disponer de cierta flexibilidad.

6. ¿Algún condicionante que debamos tener en cuenta?

Indicar cualquier restricción que deba tenerse en cuenta a nivel de presupuesto, estrategia, táctica o contenido.

7. Presupuesto

Establecer un límite o una franja presupuestaria según objetivos de la campaña.

8. Agrega cualquier aclaración de utilidad para la elaboración de la propuesta.

Estudios de mercado, documentación técnica, modelos, mockups...

Una vez que el brief es mandado a la agencia, y cualquier duda sobre el mismo se ha aclarado, este pequeño documento sirve como contrato entre cliente y agencia, el cual determina responsabilidades y deja un precedente para cualquier tipo de siniestro que pudiera presentarse, ej. la agencia entregó tarde, entregó algo que no venía estipulado en el brief, o entrego de manera incorrecta y el brief claramente lo señalaba.

Puedes agregar los puntos que quieras a este brief, sin embargo, recomiendo ampliamente que no omitas ninguno de estos 8 puntos, ya que, en el caso de información y buena comunicación entre cliente y agencia, MÁS... ¡ES MÁS!

"Llena el brief HDTPM" Profesor Xavier, X-Men #666

¿CÓMO MEDIR LOS RESULTADOS DE LA PUBLICIDAD?

Si has estado poniendo atención, sabrás que soy el primero en decir que LA PUBLICIDAD NO VENDE. Entonces... ¿CÓMO #@$%& PUEDES SABER SI ESTÁ FUNCIONANDO O NO? Seguramente piensas que es una situación muy cómoda para los publicistas, pues tus ventas pueden quedarse igual y decir que la estrategia está funcionando ¡PERO NO! Estás muy equivocado, al contrario, es aún más difícil hacerle ver a los clientes que los resultados de nuestras estrategias no solo mostrarán resultados a partir de un mínimo de tres meses (y ese mínimo lo damos por salud mental de los clientes) Sino que la manera de medirlo es a través de cosas que probablemente te sonarán en chino, como, por ejemplo:

LEADS

ENGAGEMENT

PERCEPCIÓN DE MARCA

FUNNEL DE CONVERSIÓN

¡PERO TRANQUILO! Para eso tienes a tu amigo Roy y al Publirock.

Como ya vimos anteriormente, la publicidad ayuda a explotar un deseo y a generar una intención. La venta se mide en números y no depende en un 99.98% de la publicidad. Sin embargo, los factores antes mencionados pueden estar en un brief y son fácilmente cuantificables, ahí te va cómo:

LEADS:

Los leads son la cantidad de registros que obtienes en un punto de contacto, ya sea físico, o por teléfono, email, página web, redes sociales, etc. Cada vez que una persona te deja sus datos de contacto ya obtuviste un lead. Esos leads pueden aumentar gracias a una buena campaña de publicidad, o quizá lo que buscas es mejorar la calidad de esos leads, porque mucha gente te deja datos, pero en realidad el prospecto no es tu target, para eso también funciona la publicidad, incluso una buena campaña puede hacer ambas cosas, aumentar tus registros y mejorar su calidad. PERO RECUERDA, tienes que ser específico en el brief. No vayas a querer aumentar leads de todos lados a menos que tengas el presupuesto para pagar una campaña de esa magnitud.

ENGAGEMENT:

El ENGAGEMENT es la manera en que tu público meta interactúa con tu marca. Quizá en Facebook solo te dan like, o ni te pelan, o tienes un blog que nadie lee, o nadie les hace caso a tus promociones. Para eso también funciona la publicidad, ya que a través de una buena campaña puedes generar conversación con tu público meta, volver a tu marca un medio de discusión (positiva) en el cual tu target se siente parte de una comunidad y no solo un comprador.

PERCEPCIÓN DE MARCA

Quizá la gente percibe a tu marca como vieja, aburrida, o poco amigable para el medio ambiente, o acabas de sacar una nueva línea y necesitas que se diferencie de tus productos estrella. Para eso también funciona la publicidad, y después de una campaña de MÍNIMO 3 meses, y no puede enfatizar más el MÍNIMO, podrás hacer un estudio cualitativo sobre cómo tu target percibe a tu marca, y si la campaña fue buena, la percepción habrá cambiado a favor de tu objetivo.

FUNNEL DE CONVERSIÓN

El FUNNEL DE CONVERSIÓN es todo el proceso desde que llega un registro hasta que se cierra una venta. Si bien hemos dicho que una campaña de publicidad no puede llevar de la mano a una persona hasta cerrar la venta, algunas agencias, pueden proporcionar estrategias y tácticos para cada una de las fases, apoyando a tu equipo de ventas, para que sea mucho más fácil y efectivo el proceso entero.

Por Virket Agency (https://virket.agency/)

¿CUÁNTO CUESTA UNA BUENA PUBLICIDAD?

Amigo cliente, en este breve capítulo quiero ayudarte a dos cosas:

1) Que sepas qué hay detrás de cada proyecto que tu marca requiere y entiendas por qué lo barato sale caro.

2) Que nunca te piquen los ojos cualquier agencia o freelance que quiera cobrarte más allá de lo justo.

Recuerda que lo que estás contratando es la habilidad de los profesionales de la publicidad para ayudarte a comunicar tu marca y resolverte problemas, no estás contratando flyers, posters, posts en redes sociales o spots de T.V. estás contratando resultados de negocio, así que "barato no será"

Recuerda que detrás de cada proyecto hay un equipo base el cual tu iguala debe cubrir (o tu pago por proyecto) aunado a eso la agencia debe percibir una utilidad. Por lo que esos cinco mil pesitos que tenías contemplados porque es lo que cobra el sobrino de uno de tus gerentes… en realidad no te van a alcanzar.

Te recomiendo ampliamente que una vez que recibas una cotización preguntes sobre el equipo que estará trabajando tu marca, el conocer al equipo, no solo en cantidad sino en expertise, te dará un panorama sobre la honestidad del precio en tu iguala o proyecto.

Pagar por "renombre" o "premios" es quemar tu dinero. Paga por pasión, por efectividad, por compromiso, por orden y responsabilidad, por visión y disruptividad, PAGA POR PAZ MENTAL.

Si bien contratar al primo del amigo no es una opción, tampoco tener de tu lado del ring una agencia efectiva debería dejarte en la pobreza.

YA TIENES TU CAMPAÑA ¿Y AHORA?

Pues bien, sonará a cliché, pero... lo bueno apenas comienza.

¡Y es cierto! Ya que tu campaña es la parte medular de la comunicación de tu marca, pero hay mucho más que de ella emana, como el contenido estratégico en redes sociales, campañas SEO y SEM, e-mail marketing, remarketing, endobranding y comunicación interna, activaciones, BTL, relaciones públicas, speech de venta y la lista sigue, además de que debes monitorear constantemente los resultados y optimizar acorde a ellos.

Si suena abrumador ¡descuida! Si has estado poniendo atención a estas páginas, para este momento tendrás a tu lado, por fortuna, a un socio comercial y compañero de batallas... tu agencia o publicista de confianza.

EL KNOW HOW QUE TODO PUBLICISTA (Y CLIENTE) DEBE SABER.

¡DISCLAIMER!

¡ESTA SECCIÓN ES PARA TODOS!

(Excepto para los terroristas, los que no se lavan las manos después de ir al baño, los que mascan chicle con la boca abierta, los que hablan en el cine o prenden su celular, los que al ver un perrito no le hablan con voz de bebé, los que piden chile "del que no pica")

¿QUÉ SIGNIFICA "MÁS PUNCH"?

Seguramente, si trabajas en el glamoroso mundo de la publicidad, has escuchado alguna vez: "Me gusta, pero necesita más PUNCH". Y si eres cliente y alguna vez has dicho esta frase... CHINGA TU MADRE.

Pero... ¡¿Qué demonios significa MÁS PUNCH?! En resumen, significa que no tiene impacto y necesita ser más llamativo. Pero eso es como decir "Necesito que el negro sea más oscuro". ¿Cómo carajos haces eso?

En mi experiencia, cada vez que un cliente ha pedido MÁS PUNCH, lo que en realidad ha tratado de decir es lo siguiente:

- "Tu campaña/ diseño se me hace muy parecida a cosas que ya he visto antes, o que hace mi competencia"

Si crees que esto es lo que el cliente está tratando de decir, la solución es muy sencilla; pídele referencias al cliente. Evita trabajar a ciegas y exige al cliente que te proporcione materiales suficientes para darte una idea del estilo de campaña/ diseño que está buscando. Evidentemente no copies nada, pero esto te ayudará a evitar una gran cantidad de cambios.

- "No me llama la atención, si voy pasando por la calle tu campaña/ diseño no destaca entre las demás"

Para esto existen un millar de soluciones, pero déjame darte un tip especial. MENOS ES MÁS. Imagina que dejaste la televisión prendida mientras recogías tu cuarto, puede que pasen docenas de anuncios y los programas empiecen y terminen sin que lo notes, pero si se va la señal y la televisión de repente se queda callada, de inmediato lo notas y volteas. Lo mismo sucede con gráficos, televisión, radio, web, TODO. Trata de hacer tu diseño o campaña lo más sencilla posible, eso hará que destaque fácilmente sobre todas las demás.

- "No está comunicando mi oferta de manera rápida y contundente"

Muchas veces el problema no está en el diseño, sino en el copy, o en la sinergia entre ambos. Probablemente las imágenes dan una idea totalmente diferente al copy, o el diseño es fuerte y energético, y el copy es genérico y sin nada nuevo que aportar. Antes de que empieces a poner signos de admiración y negritas a todos tus copies. Piensa que existen técnicas de escritura hipnótica que te pueden ayudar; como empezar con una pregunta, un reto o incluso una advertencia (Hypnotic Writing: How to Seduce and Persuade Customers with Only Your Words, Joe Vitale). Pero al final del día lo más importante será que le preguntes al cliente exactamente qué mensaje quiere dar. Oblígalo a que sea UN SOLO mensaje, porque tratar de comunicar más de una cosa en una sola ejecución, es una pérdida de tiempo.

HABLEMOS DEL FAMOSO DIFERENCIAL.

En términos sencillos el diferencial es aquello que nos hace únicos en el mercado. Mezcla entre lo racional, funcional y emocional.

Al final del día, TODAS, las marcas tienen un diferencial o, en su defecto, el potencial de generar uno. Con esto quiero decir que a pesar de que tu producto o servicio sea 99.99999% igual a otro, siempre habrá algo que podamos explotar para marcar la diferencia entre lo nuestro y de los demás.

Trataré de hacer más sencillo este tema, y como buen cliché de profesor de marketing, usaré como ejemplo a Starbucks. Es bien sabido que Starbucks "no vende café, vende experiencias" y por más trillado que suene, en estricto censo es la verdad.

Pero... Toda marca vende experiencias a su manera ¿No es así? Entonces, ¿Qué hace diferente a Starbucks? Y la respuesta es simple pero contundente: LA PERSONALIZACIÓN.

El gran diferencial de Starbucks es la personalización. De hecho, su promesa de marca es que no importa cuántas veces pidas que rehagan tu bebida, siempre lo harán con una sonrisa en el rostro hasta que quede perfecta y como a ti te gusta.

La personalización se vive desde el momento en el que entras, en la manera en que el barista te saluda, el que pidan tu nombre y lo griten fuerte una vez que está tu bebida o alimento, incluso que lo escriban mal o le dibujen una carita feliz es parte de la logística de la marca.

El resto de las "experiencias" que puedes vivir construyen sobre el mismo diferencial: la música suave y tranquila, generalmente de jazz, bossa-nova o reggae, el que puedas utilizar las instalaciones el tiempo que quieras sin que nadie te moleste, es más... Puedes estar en un Starbucks SIN consumir nada, porque lo ideal es que lo sientas tuyo.

De igual manera podemos hablar de Disney, al ser un conglomerado gigantesco de diferentes submarcas, ¿puede su diferencial abarcar a todas ellas o cada una debe tener su propio diferencial? Y la respuesta es... AMBAS.

Verás, el gran diferencial de Disney es la inmersión a la magia, lo que quiere decir que siempre que tengas contacto con la marca Disney, pase lo que pase harán lo imposible por que "te creas" la magia de lo que está sucediendo, ya sea que vayas a los parques, cruceros, hoteles, veas una película en el cine o en tu casa, o compres un juguete. Si entras en contacto con la marca Disney vivirás un momento mágico, y esto lo logran a través de una logística excepcional.

En los parques, todo el staff se traslada a través de túneles subterráneos para que nunca veas a un personaje salir de su papel. De igual manera tienen códigos de actitud muy estrictos donde cada miembro del staff debe "hacerte vivir la magia" ya sea tratándote como princesa, contestando en personaje, o solucionar cualquier problema o situación que te aparezca. Esa misma atención al detalle se debe ver reflejada en todas sus líneas de negocio.

Ahora bien, el diferencial global de la "inmersión a la magia" si bien permea sobre todas las marcas del conglomerado, cada uno posee la propia, como National Geographic, el cual a grandes rasgos es transformar el conocimiento en entretenimiento.

El diferencial de una marca debe ser medible, como ya mencioné anteriormente, cada uno de los diferenciales mencionados tienen puntos de control los cuales pueden optimizarse. Lo mismo debe suceder con el de tu marca, o el de la marca para la cual trabajas.

Encontrar el diferencial no debe ser una tarea titánica, quien mejor conoce la marca siempre serán los dueños, fundadores o directores comerciales. Es importante escuchar por qué hacen lo que hacen y qué consideran que los hace efectivos. Con base en esta información dependerá de ti, publicista, encontrar aquel diferencial que pueda ser nombrado exclusivamente por la marca, que tenga puntos de control, y que le permita al mercado identificar de manera rápida por qué te prefiere o debería preferirte.

4. 60 Years of Walt Disney Imagineering | Disney Parks

5. Starbucks—creating a personalized Web and Assistant experience | Centered Ep 6

PERSONALIDAD DE MARCA. ¿POR QUÉ MONTBLANC NO LE VENDE A ESPÍAS?

La personalidad de marca muchas veces es confundida con una descripción del mercado o buyer persona. Y esa confusión puede ser muy peligrosa, ya que la personalidad de marca se basa en su esencia, sus atributos y su visión, literalmente es hacer a la marca una persona, y el 99.9% de las veces, la marca es totalmente diferente a su mercado, déjame explicarte.

Pensemos en la marca Mustang, el American Muscle por excelencia. Si tuviéramos que describirla seguramente utilizaríamos adjetivos como: fuerte, rebelde, atrevido, joven, temerario, divertido, soltero. Y si tuviéramos que emparejar esas cualidades con algún personaje probablemente se nos vengan a la mente Tom Cruise en Top Gun, los hermanos Winchester (aunque lo que manejan NO es un Mustang), Baby de Baby Driver, etc. Esa descripción y ese personaje serían la personalidad de marca de Mustang, y sería muy fácil pensar que esas mismas características son las de su mercado, sin embargo, no podríamos estar más equivocados.

El mercado meta de Mustang usualmente supera los 45 años, son padres de familia, muchos de ellos divorciados, pocos de ellos en forma, la rebeldía no forma parte de su día a día y, a pesar de que algunos usuarios son jóvenes, pocos podrían decirse que personifican la esencia de la marca, sin embargo, la marca está diseñada para ellos ¿Cómo puede ser esto?

La respuesta es bastante sencilla, el grueso de las marcas en el mundo busca inspirar a su mercado meta, claro, parte de la inspiración tiene que estar cimentada en algo relacionable, pero ese "algo" no precisamente debe ser real.

En el caso de Mustang, la marca vende un ideal de estilo de vida, y el ancla relacionable es la rebeldía que todos llevamos dentro, no precisamente debes ir contra las reglas, el sistema y la ley para saberte más atrevido que los demás, o al menos más atrevido de lo que las personas creen que eres. Esa es la clave, inspirar para conectar.

El ejemplo que más me gusta es el de Montblanc... ¡ES UNA MALDITA PLUMA! Pocas veces firmarás o escribirás algo que reditúe el valor de la pluma, sin embargo, ese el sueño que vende ¿no? Una pluma especial para poner en tinta y papel cosas realmente memorables.

Si tuviéramos que describir la personalidad de marca de Montblanc, ¿qué diríamos? Probablemente que es elegante, refinado, es hombre, es guapo, no es precisamente joven pero tampoco viejo, es misterioso, es un líder, un ejecutivo, un CEO, viste de traje negro... ¿se te viene algún personaje a la mente? Probablemente James Bond o Bruce Wayne, Incluso Mr. Grey.

Ahora bien, apuesto mi riñón izquierdo a que el mercado meta no es ni los espías británicos, ni billonarios extravagantes ni Batman. Generalmente la compran personas que acaban de ser promovidas a un puesto gerencial o directivo.

Y esa es la magia del publicista, saber identificar la personalidad de marca y lograr comunicarla de manera efectiva a un target que es completamente diferente, pero que se sentirá identificado.

Si has estado poniendo atención, te habrás dado cuenta que las personalidades de marca que he mencionado han sido todos personajes ficticios y no personas reales. La razón de esto es que las personas cambian, mienten, evolucionan, cometen errores y no necesariamente aprenden de ellos. Un personaje ficticio siempre será así, incluso si comete errores por ley logrará superar el obstáculo, Peter Parker siempre será nerd, geek e incómodo en sociedad, Tony Stark siempre será un genio, millonario, playboy y filántropo, James Bond siempre es James Bond, sin importar quién lo caracterice.

Si elegimos un personaje ficticio como personalidad de marca será muy fácil que cualquier equipo de trabajo, en cualquier parte del mundo, entienda de inmediato la esencia de la misma y sepa cómo trabajar con ella.

Si elegimos una persona real, aunque sea excesivamente famosa, siempre habrá diferentes versiones de ella, su pasado y su presente quizá son contradictorios ¿cuál elegir? Quizá esa persona termina haciendo o diciendo cosas que van en contra de la filosofía de la marca, poniendo en conflicto todo nuestro Branding.

Ante esto es muy importante aclarar una cosa, cualquier personaje que se elija (incluso si terminan eligiendo a una persona real) NO SALDRÁ NUNCA EN NUESTRA COMUNICACIÓN, la personalidad de marca no es un sponsor, un spokesperson, y mucho menos una mascota, tan solo es la representación de las cualidades y atributos de la misma, y sirve para dar una guía tanto a los miembros de la marca, como a los equipos de trabajo que la manejan, pero nunca se comunica al personaje, tan solo sus características… a menos que pagues los derechos, claro.

¿QUÉ ES EL ADN DE LA MARCA?

En pocas palabras, la verdadera esencia de la marca, lo que en realidad es y vende.

Cada vez que tu profesor cliché de mercadotecnia dice que Starbucks no vende café, vende experiencias, está tratando de hablar del ADN de la marca, sin embargo (y cómo ya vimos antes) eso de "vender experiencias" lo hace hasta Doña Conchita con sus ricos tamalitos de la esquina.

Encontrar el ADN de la marca no es nada nuevo, de hecho, muchos autores y expertos tienen su propia manera de identificar y comunicar la esencia de la marca, entre ellos Simon Sinek con su libro "Start with Why" y su famosa plática sobre el círculo dorado, en la cual nos presenta la teoría de que las personas no compran lo que haces sino por qué lo haces.

Un ADN debe poder responder a cualquiera de las siguientes preguntas: ¿Qué vendes? ¿Qué eres? O ¿A qué te dedicas? Y debe hacerlo de tal manera que no solo te impacte y te genere curiosidad la respuesta, sino que haga todo el sentido del mundo con, ahora sí, la experiencia que ofreces.

Pongamos como ejemplo a Harley Davidson, sabemos perfectamente que esta marca está en un nivel totalmente diferente al de sus "competidores", y uso la palabra competidores entre comillas porque en realidad, Harley no compite en la categoría de motos, si solo quieres "una moto" no piensas en una Harley, porque lo que buscas son atributos racionales que justifiquen el costo beneficio de la moto.

Sin embargo, aquel que compra una Harley lo último que puso en una balanza fue el costo beneficio. Tratemos de desfragmentar primero al target de Harley Davidson.

En su mayoría son hombres de más de 45 años, no son solteros, es decir, están o estuvieron casados, muchos de ellos con hijos, con un trabajo de oficina desde hace muchos años, algunos de ellos recientemente despedidos, y buscan la "hermandad" entre otros como ellos.

Entonces, ¿qué ofrece Harley Davidson a estos hombres para que decidan comprar sus motocicletas Y TODOS LOS ACCESORIOS?

LIBERTAD

Harley no vende motos, vende Libertad, la libertad de sacar a ese rebelde que has mantenido dormido todos estos años, la motocicleta es tan solo el medio a través el cual lo logra y, de hecho, muchas veces ni siquiera necesita la motocicleta, con portar la chamarra sientes el mismo beneficio.

Lo mismo sucede con Disney, lo último que le importa a la marca es compararse con otros parques de diversiones, cruceros, hoteles e incluso juguetes, ya que su categoría en el mercado es vender MOMENTOS MÁGICOS y, como vimos anteriormente, su diferencial logístico está enfocado en fomentar y mantener esa inmersión a la magia a través de un servicio extraordinario.

Conocer el ADN de la marca no es un proceso de cursilería, y mucho menos un ejercicio en parafraseo, encontrar el ADN de una marca sirve para generar comunicación mucho más efectiva, emocional y contundente.

Pensemos en la comunicación de Nike, en realidad son pocos los esfuerzos de publicidad donde se enfocan en los atributos racionales de sus productos.

Generalmente hablan de romper miedos, estereotipos, de que SOLO HAGAS LAS COSAS, porque ellos se ocupan de lo demás. Esto es comunicación basada en el ADN de la marca.

¿Cuál es el ADN de Nike? Eso te toca a ti descifrarlo.

6. Italika no podría hacer esto.

7. Hay una gran diferencia entre hacer publicidad de ropa deportiva, y publicidad del ADN de la marca.

DEFINIR UN TARGET ES MUCHO MÁS COMPLEJO DE LO QUE PARECE.

Si estás familiarizado con este término, seguramente lo primero que viene a tu mente es edad, lugar de procedencia y sexo. Ya sabes, el clásico "hombres y mujeres De 25 a 35 años, de nivel socioeconómico C+ / AB".

Sin embargo, esta descripción de tu mercado no sirve de mucho, ya que tomando a México como muestra, más de 45 millones de personas cumplen con esas características.

Si una marca pudiera venderles a 45 millones de personas, así como así, no tendría necesidad de absolutamente nada en este mundo más que de existir.

Sabemos que cada persona es un mundo en sí misma y, si bien, al ser seres sociales compartimos ciertas características y hábitos de consumo, incluso en muestras de mercado muy segmentadas y pequeñas, las diferencias son notables, por lo que determinar un público meta tan solo con demográficos no sirve de nada.

La manera más efectiva de determinar un público meta es generar un buyer persona, es decir, una versión idealizada del tipo de persona que mayores beneficios recibirá de tu marca y que mejor se identificará con ella.

De este modo, en lugar de hablar de sexo, edad y lugar de procedencia, tu target se verá algo así:

Target de Apple.

Buyer Persona:

Ana y Luis.

Ambos son personas que saben que piensan diferente a los demás, que buscan trascender en lo que sea que hagan y poder impactar de manera positiva a la sociedad.

Son multimedia, en constante movimiento y en continua evolución. Buscan ser los primeros siempre, y gustan de saberse pioneros y visionarios cuando son los que introducen a sus amigos y familiares a nuevas tecnologías y tendencias.

De igual manera saben que la primera impresión es la única impresión, por lo que al sacar su Smartphone y ponerlo sobre la mesa, están haciendo una demostración de quiénes son y su filosofía de vida.

Gustan del arte, la fotografía, la música en alta calidad y video que se reproduzcan rápidamente sin necesidad de esperar.

Ana y Luis son las mentes que están cambiando al mundo y buscan una herramienta que les permita lograrlo.

Si te quieres ver más mamalón puedes utilizar un formto como este:

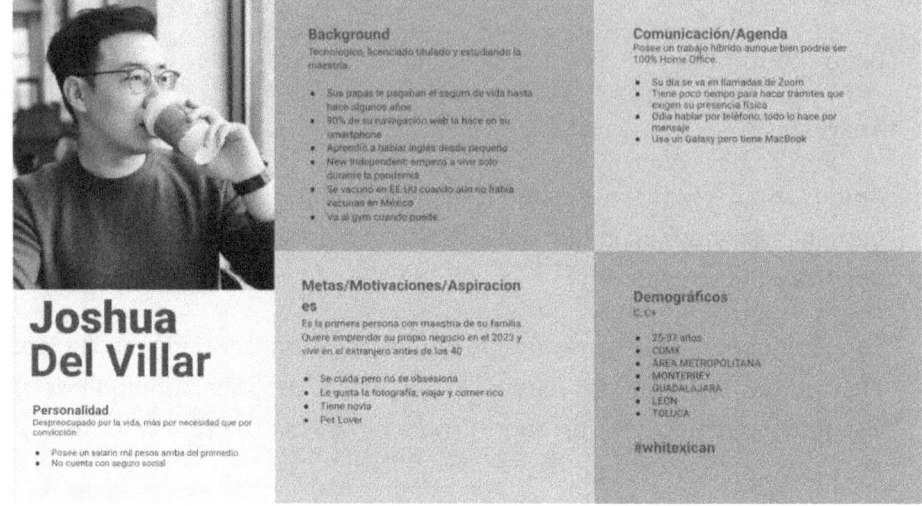

Disclaimer: Joshua Del Villar no exiate... solo en tu corazón.

Es una gran diferencia ¿No es así? Este target proporciona muchos más insights, drivers, y puntas de lanza para generar esfuerzos de comunicación más efectivos y contundentes.

CONCEPTO, EJECUCIÓN, CALL TO ACTION, REASON TO BELIEVE E INSIGHT.

Y bien amigos, hemos llegado al final de este viaje, no es todo lo que hay que saber ni tampoco todo lo que puedo enseñar, sin embargo, es todo lo necesario para mojar nuestras narices en el glamoroso mundo de la publicidad que a veces es el sexo, drogas y rock & roll que nos prometieron, y otras más tan solo es Pornhub, bachata y paracetamol.

No obstante, antes de marcharnos, revisaremos rápidamente algunos elementos clave que toda campaña debe poseer.

Comencemos explicando la diferencia entre concepto y ejecución. La manera más sencilla de explicarlo es que, de un concepto pueden nacer muchas ejecuciones, y de una ejecución (usualmente) no pueden nacer más conceptos.

Un ejemplo sencillo de esto es Palacio de Hierro, el cual lleva más de 30 años manejando el mismo concepto creativo; "Soy Totalmente Palacio". Si esto es algo bueno o malo tendremos que discutirlo en otra sesión, por ahora solo analizaremos que el mismo concepto ha tenido cientos de ejecuciones a lo largo de estos años, incluso Santa Claus ha sido miembro de su comunicación, sin embargo, de la ejecución con Santa Claus no nacieron nuevos conceptos ¿Me expliqué?

Lo mismo sucedió con Nike y su mítico "Just Do It", este concepto dio cuerda a incontables ejecuciones y, eventualmente, el concepto evolucionó a "Find Your Greatness".

De este modo, un concepto es esa frase de poder que sirve como punta de lanza para toda tu campaña, debe ser lo suficientemente poderosa, contundente y de fácil recordación, como para quedarse impregnada en la mente de las personas.

No caigas en la tonta idea de que una buena publicidad es aquella en la cual recuerdas la marca y lo que vendía, una buena publicidad es aquella que recuerdas porque el concepto te hizo sentir algo positivo, incluso si no te provocó comprar un producto o servicio, pero hizo que la marca se quedara en ti.

Just Do It y Find Your Greatness son en sí ejemplos de Call To Action, ya que son una orden accionable: "Solo hazlo", "Encuentra tu Grandeza", llamados de guerra mucho más poderosos que un "¡Llame ya!".

Un Call To Action es aquella frase que te persuade a tomar acción, ya sea que dejes tus datos, entres a alguna página web o red social, te desplaces a hacia algún lado, o tan solo tomes una decisión (incluso si no es de compra).

Todas las campañas deben tener este llamado a la acción, de lo contrario tan solo es un poster bonito.

Pero, por qué habrían de hacer lo que la marca dice. Es ahí donde el famoso Reason to Believe, o Reason Why, entra en acción. Ya que es a través de estas breves líneas de texto que la marca sustenta todo lo que nos dice en la campaña.

Si una marca de shampoo dice que su producto te dejará el cabello luminoso, el Reason To Believe explicará que eso se debe a las moléculas de seda que envuelven cada uno de tus cabellos nutriéndolos mientras que reflejan la luz.

En el caso de Nike, la razón por la cual puedes sencillamente "solo hacerlo" o "encontrar tu grandeza" es por la tecnología aplicada al deporte que caracteriza a Nike, su ropa es más ligera, sus tenis más durables, y su calidad es la mejor del mercado. ¿Me expliqué?

Por último, cerraremos este breviario cultural con la parte medular de todo mensaje, el insight. El cual podemos describir como un hallazgo, un momento de "¡Eureka!" en la mente del consumidor al ver nuestra campaña.

Ya sea por algo que se dijo, o algo que se muestre, este insight permite que el mercado se identifique con el mensaje, con la marca, y con la acción que queremos que tome.

Por ejemplo, ¿sabías que el jabón no necesita hacer espuma para limpiar? Sin embargo, tenemos la falsa percepción de que se necesita mucha espuma para remover la mugre, por lo que las marcas de jabón, además de añadir químicos que les permitan hacer muchas burbujas, en toda su comunicación utilizan a las mismas como elemento clave para que sepas que estarás limpio.

También un insight puede estar escondido en el mensaje, como en las campañas de Palacio de Hierro, que están, en su mayoría, basadas en momentos e ideas que son fáciles de identificar en una mujer a través de la vanidad, como el nunca tener espacio suficiente el closet, o el llegar tarde a todo menos a aquello que realmente importa... como sus noches de Palacio.

Y con estos últimos elementos, ya estás listo para que nadie te agarre con los calzones abajo, ya sea que quieras ser publicista, o estés por contratar a uno, hoy terminas este libro sabiendo mucho más que el primo del amigo que sabe Photoshop... y ya con eso valió la pena.

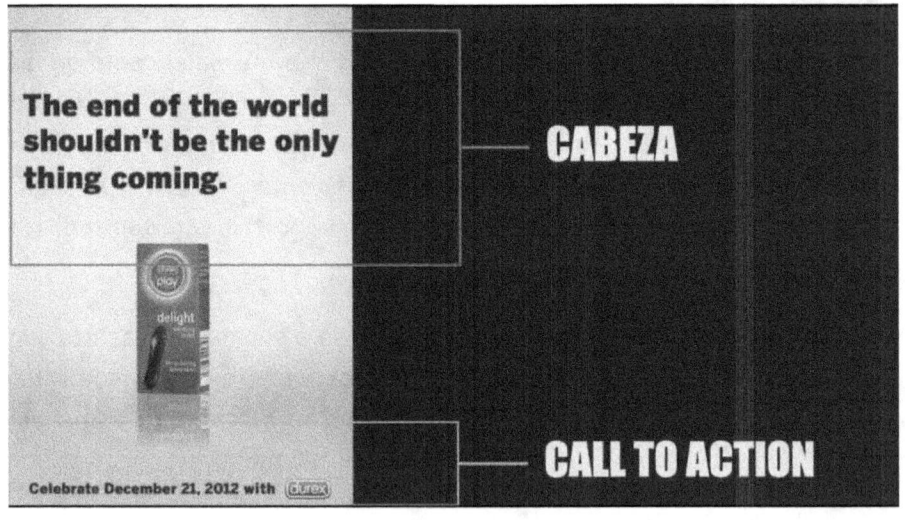

¡BONUS!

GLOSARIO PUBLICITARIO

Existe esta historia, ahora ya leyenda urbana, sobre un joven trainee en la producción de un comercial, al cual, un creativo Sr., le pidió que fuera por "las gelatinas".

Según los juglares que cantan esta historia, el joven trainee buscó en el OXXO más cercano varias gelatinas de diferentes sabores y tamaños para todo el crew.

Al regresar al llamado todos se rieron de él, porque "las gelatinas" son pantallas de colores que sirven para cambiar la tonalidad de las luces utilizadas en la grabación. Evidentemente era la novatada del trainee.

Para que eso no te pase, te dejo un glosario con varios términos que usualmente se utilizan en este extraño y fascinante mundo publicitario.

Así, si un día te mandan por "las gelatinas" no serás la burla del llamado.

A

Ads

O "Anuncios" en español, son las publicidades que se presentan en diversos formatos o plataformas a lo largo del internet. Y dichos espacios en internet se pagan o alquilan a los anunciantes de cada sitio web.

Ad Tracker

Es una herramienta que te permite hacerle seguimiento a tus campañas de anuncios en las diversas plataformas de publicidad web.

En ese sentido, el sistema reconocerá los Códigos de Seguimiento de cada anuncio en el código fuente de la página. De esa manera, se podrán obtener los datos y estadísticas del rendimiento de cada una.

Ad Words

Este sistema de Google te permitirá elegir las keywords más convenientes para posicionar tu contenido web en su buscador. Podrás buscar los anuncios más populares según las palabras clave más comunes en las búsquedas de los consumidores.

Así, con esas palabras clave tu contenido tendrá mayor visibilidad y una mejor posición en los resultados de esas búsquedas. Por tanto, si usas las palabras claves correctas tendrás más posibilidades de que los clientes vean tu contenido más rápido.

Alcance

Equivale al porcentaje de clientes que han mostrado interés o han estado expuestos a determinado contenido publicitario de diversas plataformas. Es decir, las personas a las que tus anuncios les han causado una "impresión" dentro de un período temporal específico.

Amenazas

Esta es la sección dentro de la Matriz DOFA, (leer más adelante en la letra "M"), donde describes los elementos de riesgo. Es decir, todo aquel factor externo que pueda representar una amenaza para el desarrollo o posicionamiento de tu negocio.

Analíticas

En este glosario de términos para publicidad, son los datos cuantitativos que evidencian el comportamiento y rendimiento de tus estrategias de marketing. Es decir, son todas las cifras, análisis e informes que se obtienen mediante el estudio estadístico de tus campañas.

Mediante el análisis del rendimiento de tu presencia web (anuncios, blog, redes sociales, etc.) estos datos pueden ayudarte a tomar las mejores decisiones. Con el uso de las analíticas podrás tener la información necesaria para mejorar la gestión de tus tácticas publicitarias.

Anunciante

Persona natural o compañía que busca un espacio en plataformas de difusión publicitaria para difundir las promociones de su negocio.

Anuncio de texto

Es un anuncio estático que solamente contiene un pequeño texto descriptivo y un enlace para visitar el sitio web del anunciante.

Anuncio publicitario

Es un mensaje compuesto de diversos elementos comunicativos (texto, símbolos o signos) que tienen la intención de difundir un significado específico. En este caso, un mensaje que dé a conocer a una determinada empresa, marca o causa.

El principal objetivo de un anuncio publicitario es captar la atención del cliente potencial y lograr que se interese por conocer más del producto o servicio. Así, luego de atravesar ciertas fases, este cliente podrá cumplir la acción deseada: comprar, compartir, o ser parte de algo.

Este anuncio, esencialmente, siempre será el mismo. Pero podrá adaptarse a las características de cada plataforma de comunicación y a las necesidades de cada grupo de consumidores.

Arquetipos

Modelo para construcción de personalidad de marca

B

B2B

Modelo de negocio en el que el acuerdo se lleva a cabo entre dos compañías aliadas. Las empresas brindan productos o servicios a otras empresas, con intereses en común. Dichos intereses pueden ser publicidad o beneficios financieros o legales.

La letra B significa "Business" (en español, "negocios"). El número "2", además de representar el acuerdo entre dos compañías, representa la palabra "to" (traducida en este contexto al español como "a"). Por tanto, B2B significa "Business to Business". "Negocio a negocio".

B2C

Modelo de negocio en el que el acuerdo existe entre una empresa y un consumidor determinado. Es decir, son las compañías que ofrecen productos o servicios para el consumidor regular (mercado que distribuye en masa).

En este contexto, la B es de "Business", ("negocios"). El 2 representa la palabra "to", ("a"). Y la letra C significa "Consumer", ("consumidor"). Por tanto, se traduce como "Business to Consumer", "Negocio a Consumidor".

Banner

Es el formato más común en el que se exhibe una publicidad en los medios web. Es como si fuese una valla publicitaria digital, con la misma dimensión rectangular. En ella pueden estar dispuestos diversos elementos, pero en su mayoría son los siguientes:

- Imagen promocional del producto o servicio, (estática o animada, un gif).

- Texto corto, descriptivo y mercadeable.

- Enlace a la página web del anunciante.

Blog

Plataforma web en la que un autor, grupo de autores, o una compañía publican periódicamente textos o artículos de temas relevantes.

Últimamente, se ha visto que las empresas publiquen contenido relacionado con lo que ofrecen como producto o servicio. Tener un blog informativo es muy útil para atraer nuevos clientes y posicionar tu marca más rápido.

Bot

Es un programa informático que trabaja de manera automática (como un robot) y puede ejecutar tareas específicas e imitar el comportamiento humano. En este glosario de términos de publicidad, son los que se encargan de facilitar los procesos de una estrategia de marketing.

Por ejemplo, los chatbots son robots que responden las dudas y comentarios de los clientes en las páginas web. Estos están programados con respuestas prediseñadas para cada una de las preguntas que puedan surgir.

Brainstorming

El brainstorming (o "tormenta de ideas"), es un método creativo para generar ideas y soluciones a un problema. Generalmente, es un proceso grupal en el que menos de quince personas se reúnen para exponer sus ideas individuales, para llegar a un consenso final. Sin embargo, este procedimiento también puede llevarse a cabo de manera particular y es igual de efectivo.

Por eso, esta táctica es muy útil y flexible. Se puede moldear a las necesidades de cada negocio, marca o tipo de problema en específico.

Branding

Proceso en el que se construye una marca, donde se determinan los elementos por los cuales los clientes podrán identificarla. Es decir, es el conjunto de valores y características propias de la identidad de la marca.

Asimismo, estos elementos pueden ser sensoriales (visual, auditivo), o significativos (textos, mensajes). Que, en pro de la consistencia, deben mantenerse para que el posicionamiento de la marca sea más efectivo.

Briefing

Término inglés derivado de la palabra "breve", ("brief"). Se refiere a la información previa que entrega el anunciante a una agencia publicitaria con los datos de su empresa. La agencia podrá trabajar con estos datos para construir una campaña adaptada a las características específicas de la compañía.

De ese modo, la empresa debería detallar su producto, sus clientes, competidores, valores de la compañía, etc. De este modo, con esta información se podrá diseñar una estrategia de comunicaciones mucho más personalizada y efectiva.

C

Canales

Fuentes de donde proviene el tráfico de visitas a una determinada página web. Pueden ser de un anuncio, artículo de blog, redes sociales, entre otros. El volumen de fuentes dependerá de la cantidad de plataformas en las que estés difundiendo tu contenido publicitario.

Click

Acto de pulsar con el botón izquierdo del mouse sobre determinado recuadro o elemento en pantalla de la computadora.

En este glosario de términos para publicidad, se puede considerar como click la acción del pulsar sobre un banner digital. Que dirigirá al usuario a la web con información del producto o servicio que capturó el interés del cliente.

Pero, la acción que queremos que haga el cliente a través del click puede variar. No tan solo podemos redirigir a los usuarios a abrir otra página web, también pueden descargar archivos, reproducir contenido multimedia, suscribirse a un blog, entre otros.

Community Manager

Profesional en comunicaciones que se encarga de ser el intermediario entre una marca y su público en las redes sociales. Es decir, es quien responde a los comentarios, publica el contenido y monitorea el rendimiento de las campañas en las redes.

De esa forma, un community manager se encarga de construir una base de fans, gestionar la actividad y administrar todas las cuentas de una marca en las plataformas.

Contenido de Marca

Contenido que genera una marca para hacer publicidad en diversas plataformas, pero de manera sutil. Pero el verdadero objetivo es aportar valor para atraer clientes potenciales a través de contenido de calidad.

Mediante la personalización del material que se publica, mayores posibilidades tendrán de captar más clientes.

Contenido Patrocinado

Contenido que se difunde en diversas plataformas por el que el anunciante paga para obtener determinado volumen de visualizaciones.

Generalmente, este contenido describe el producto o servicio y resalta sus beneficios, atributos y ventajas. Por supuesto, con el fin de atraer más ventas potenciales.

Conversiones

Volumen de usuarios que pasan a ser clientes de algún producto o servicio mediante alguna transacción o acción deseada. Sin embargo, el objetivo de esta acción no necesariamente involucra una compra, este puede variar según las necesidades de cada marca. Tal vez con nuestro contenido queremos que el cliente:

- Le dé clic a un banner.
- Se suscriba a un blog o página web.
- Descargue contenido.
- Compre un producto.
- Entre otros...

Cookie

Las cookies, (o "galletas"), son pequeños ficheros de texto de un sitio web que se guardan en el equipo del usuario. Estos registran detalles de su actividad en las diversas páginas de internet que haya visitado.

De esa forma, su objetivo es facilitarle al usuario el proceso de volver a encontrar esta página en el futuro. Como toda la información del portal estará almacenada en su computadora, encontrarla de nuevo será mucho más sencillo.

Compartido

Acción que toma el usuario cuando comparte en redes sociales o con sus contactos el contenido de una marca. El compartido es el número de veces que los clientes han difundido determinada publicación en diversas plataformas.

Correo Electrónico

Plataforma de servicio de comunicación online que permite enviar y recibir mensajes en la web. En otras palabras, es como mantener una relación postal con nuestros contactos, pero a través de internet. Por esa razón, se llama correo electrónico o "e-mail".

Costo por Acción (CPA)

Método publicitario en el que el anunciante solamente pagará si el usuario completa la acción deseada. Es decir, si el anunciante quiere que el cliente le de click a su banner digital, pagará cada vez que algún usuario lleve a cabo esa acción.

Existen diversos tipos de costo por acción:

- Click.

- Lead (cuando un usuario común se convierte en cliente potencial).

- Millar (cuando un anuncio se visualiza mil veces).

- View (o "vista", es cuando el usuario reproduce algún contenido multimedia).

D

Debilidades

Sección de la Matriz DOFA, (leer más adelante en la letra "M"), donde se detallan las debilidades de tu empresa, modelo de negocios o producto. Al analizar las debilidades, podrás trabajar en métodos y soluciones para mejorarlas y fortalecer tu negocio.

Desarrollo

Dentro de un glosario de términos para publicidad, la palabra "desarrollo" puede tener múltiples significados. Entre los más comunes, están:

- Contenido: Creación del contenido publicitario que se publicará en todas las plataformas de la marca.

- Estrategia: Proceso en el que se definen los instrumentos de la marca (producto, distribución, precio y promoción). Esto con el fin de crear un modelo publicitario comercial que sirva de guía para captar nuevos clientes.

- Marca: Se desarrolla el branding y la identidad de la marca como tal.

- Producto: Proceso donde se experimenta creando prototipos de un producto, hasta llegar a una versión definitiva. Versión que se pondrá en venta y se promocionará con la estrategia de marketing de la marca.

Dirección IP

Es un código único que identifica a cualquier dispositivo o computadora. Mediante la dirección IP de un equipo, que esté conectado a una red, se puede identificar o incluso rastrear la actividad en internet de cualquier usuario.

Un uso común de la dirección IP es para saber exactamente cuántos usuarios reales han visitado una página web.

Dominio

Es el nombre original e irrepetible que le puedes asignar a tu página web en internet para posicionar tu marca.

En otras palabras, es el nombre que va después del "www." y antes del ".com".

Drivers

Análisis de datos que mueven al mercado a realizar una acción referente a la marca.

E

E-Book

Son los libros que se presentan en formato electrónico, que solamente se pueden leer desde un dispositivo digital.

De allí proviene su nombre, la letra "E" es de "electronic" ("electrónico"). Y "Book" ("libro"). Juntos forman "Electonic Book", "Libro Electrónico".

E-Commerce

Tipo de comercio que se realiza enteramente en internet entre empresas y clientes de forma directa. Puede ser mediante tiendas online, redes sociales, y diversas plataformas web.

Email Marketing

Estrategia para ejecutar campañas publicitarias que se difunden a través del correo electrónico de los usuarios.

Engagement

Nivel de conexión que se tiene con la audiencia, que los motiva a interactuar activamente con el contenido que publica la marca en sus plataformas.

Enlace

También llamado hipervínculo, es una conexión digital entre dos sitios web mediante una dirección URL. (Ver más adelante en la letra "U").

Existen enlaces de documentos, texto o imágenes. Estos se pueden notar en el texto de una web cuando se ven las palabras subrayadas y de color azul. (O de cualquier otro color resaltante, esto dependerá del diseño de la página).

Equities

Conjunto de cualidades que dan valor a la marca.

Etiquetas

Son códigos de clasificación HTML que comunican a los buscadores sobre el tipo de contenido de una página web. Tienen el objetivo de incluir metadatos, o información de referencia general sobre la página web. Como autor, título, fecha, palabras clave, descripción, entre otros.

Las etiquetas simplifican el trabajo de los buscadores, porque una página web con etiquetas es más fácil de encontrar. Por tanto, será más sencillo ubicarla en la lista de resultados de la búsqueda de un usuario.

Experiencia de Usuario

Son todos los elementos que causan un impacto en el cliente, y lo motiva a interactuar con el contenido de una marca. De allí, pasa a interactuar directamente con la compañía, sus productos y servicios. Y según la calidad de esta interacción, la experiencia del cliente será mejor o peor.

En este glosario de términos de publicidad, la experiencia de usuario se desenvuelve en dos contextos:

- Tradicional: La experiencia que el usuario tiene con el producto, la promoción, e incluso en la tienda física de determinada marca. Es la impresión, positiva o negativa, que le queda luego de haber adquirido su producto o servicio.

- Digital: Se determina si una página web presenta soluciones a los usuarios de manera rápida y práctica. Cuanto más eficiente trabaje una página web para ayudar al cliente, mejor será la experiencia que los usuarios puedan tener.

F

Facts

Datos duros que ya tiene la marca y que nos ayudan a tener pilares para construir estrategias.

Feedback

Retroalimentación que se puede obtener luego de llevar a cabo alguna acción de prueba. En el caso de este glosario de términos para publicidad, se refiere a publicaciones o campañas de contenido. Son los comentarios positivos, imparciales o negativos que realizan los usuarios en reacción a un contenido publicado.

Fidelización del Cliente

Es un método comercial que intenta consolidar la relación de un cliente con una marca. La idea es llamar su atención lo suficiente para evitar que la competencia pueda llegar a él primero.

Para lograr una fidelización con el cliente, es necesario mantener una comunicación directa y personalizada con cada usuario. De ese modo, podrán sentirse como parte de la marca, y pasarán de ser clientes potenciales a clientes fieles.

Fortalezas

Variable de la Matriz DOFA, (ver más adelante en la letra "M"), que analiza los puntos fuertes de una compañía.

Frecuencia

Número de veces que se publican anuncios, artículos, posts en redes sociales o contenido de marca en determinado sitio web.

Los Community Manager se encargan de analizar el comportamiento de este contenido, y determinan la frecuencia de publicaciones más conveniente. Esta frecuencia está pensada según la cantidad de usuarios activos en ciertas horas del día. La idea es publicar en estas horas para generar más interacción y popularidad.

Freelance

Persona que trabaja de forma independiente en determinados gremios de la cúpula laboral digital. Suelen ser colaboradores profesionales remunerados, pero que no forman parte de la nómina oficial de una compañía.

En este glosario de términos para publicidad, nos referimos a redactores, diseñadores, desarrolladores web, o con cualquier otra profesión relacionada con la publicidad.

G

Gestor de Contenidos

Es un software que permite la creación de contenidos y la gestión de todos los instrumentos de una página web, blog o tienda online.

Portales como WordPress, Blogger, y Magneto son algunos de ellos.

Sin embargo, en este glosario de términos para publicidad también existe otro significado. Un gestor de contenidos puede ser la persona encargada de idear, ejecutar y publicar en contenido web de una marca.

Gif

Imagen en formato de animación cuyo movimiento se repite constantemente. Tal como tomar unos segundos de un video y transformarlos en una imagen donde este video se reproduce en loop.

Usualmente se inserta en banners publicitarios para llamar la atención de los usuarios.

Google AdSense

Es un portal de exhibición publicitaria de Google, en el que puedes obtener ingresos colocando tu anuncio en sus sitios web. Estos pueden variar de anuncios gráficos, de texto, o incluso de publicidad interactiva más avanzada.

Google AdWords

Programa publicitario de Google que permite crear y publicar tus anuncios cuando el usuario se interesa por un producto similar al tuyo. Google AdWords publica tus anuncios en las búsquedas de los usuarios mediante las palabras clave o keywords que tengan en común con tu anuncio.

Google Analytics

Es una herramienta de Google que ofrece información estadística del comportamiento de diversos sitios web. Analiza el tráfico, audiencia, actividad y conversiones de los usuarios y ofrece información precisa del rendimiento general de tu web.

H

Hallazgos emocionales

Valores agregados que reflejan la forma en que las personas se sienten cuando tienen contacto con la marca

Hallazgos racionales

Beneficio concreto y real que tiene la marca, que se puede comunicar.

Hashtag

Es una palabra o frase muy particular del contenido de una marca identificada con el símbolo "#". Los hashtags se utilizan mayormente en el contenido publicado en redes sociales, porque generan una mayor visibilidad en los rankings de cada plataforma.

Hosting

Servicio web que ofrece un sistema para poder almacenar información, o cualquier contenido accesible en un espacio en internet. Básicamente, es un gran sitio de almacenaje donde se alojan sitios web y toda su información de respaldo, por razones de seguridad.

House Advertising

Publicidad de tu marca que se muestra en tu propia página web.

HTML

Lenguaje codificado que se usa para crear páginas web desde cero. Estos códigos, o "tags" se registran en archivos de texto (*.txt), y determinan el modo en que el navegador muestra la información al usuario.

I

Identidad de Marca

Elementos sensoriales, significativos o contextuales que constituyen la esencia de la marca. Valores, misión, visión, paquete gráfico, entre otros.

Impresión

Efecto que se causa en un usuario con el contenido de marca, que posiblemente pueda convertirlo en un cliente potencial.

También, en este glosario de términos para publicidad también significa las veces que tus anuncios se muestran en determinadas páginas web. Las veces que tu anuncio se difunda, sin importar las acciones secundarias que puedan causar por parte de los usuarios.

Inbound Marketing

Método publicitario que tiene como objetivo atraer a nuevos clientes hacia la marca mediante técnicas de persuasión. Utiliza herramientas como las redes sociales, el SEO y el marketing de contenidos.

Influencer

Persona con credibilidad, reconocimiento y una base de seguidores considerable en la web, que utiliza su influencia para promocionar marcas. Usualmente, estos influencers usan las redes sociales, blogs u otras plataformas como medios para construir su audiencia.

Insight

Aquella gran verdad que hace que el cliente se identifique con la marca o la comunicación de la misma.

Interacción

Métrica que determina cuántas veces los usuarios interactúan, o ejecutan una acción deseada, incentivados por un anuncio o contenido.

J

Javascript

Es el lenguaje de programación que se usa principalmente para crear páginas web dinámicas. Aquellas que tienen animaciones, complementos y funciones más complejas que las páginas regulares.

K

Keyword

Palabra clave que un usuario ha colocado en el buscador, que luego el buscador utiliza para identificar las páginas web relacionadas con esta palabra. En el contenido web de una compañía, las palabras clave son el medio por el que la empresa quiere que sea encontrada en internet.

KPI

La palabra KPI proviene de las siglas de la frase "Key Performance Indicators". Esto se traduce como "indicadores claves de desempeño". Estas son todas las variables, factores y unidades de medida para generar una estrategia de marketing.

L

Landing page

Es una página web a la que un usuario llega después de haber dado click a un banner, o anuncio. El contenido de esta página está diseñado para convertir al usuario en un cliente potencial. Sea mediante una descarga, solicitud de contacto, rellenar formularios, suscribirse, entre otros.

Layout

Diseño de bocetos, maquetas o prototipos que se presentan en un formato organizado. Usualmente se hacen para presentar los modelos de anuncios de una campaña publicitaria.

Leads

O clientes potenciales, son aquellos usuarios que muestran interés en la campaña publicitaria de una marca. Para convertir un usuario normal en lead, este debe prestar información de contacto para enviarles futuras promociones.

Llamado a la acción

Es una invitación para que los clientes realicen alguna acción deseada, que va a beneficiar el posicionamiento de una marca. Puede ser que los llame a comprar, descargar un archivo, a reproducir un video, etc.

M

Marketing de Afiliación

Estrategia en la que un anunciante promociona sus productos y servicios mediante los canales de un afiliado. Es decir, la difusión se realiza en las plataformas de un tercero. Esta empresa tercera va a obtener una comisión por cada venta o acción que logre a través del anuncio.

Este método se usa mucho en redes sociales como YouTube, donde varios influencers promocionan productos y colocan un link para que el usuario lo compre. Y cada vez que un usuario usa ese link para comprar, el influencer obtendrá una comisión del anunciante.

Generalmente, el anunciante y el influencer, en este caso, deben tener un factor en común o una afiliación. De ese modo, el cliente se sentirá más interesado o motivado a realizar la compra.

Marketing de Contenidos

Estrategia en la que una marca crea y difunde contenido relevante, útil y de valor con el fin de que los clientes potenciales conecten con la empresa. El objetivo es lograr la mayor cantidad de atracción y conversiones posibles para mejorar el posicionamiento de la marca.

Matriz DOFA

Es una matriz de dos partes en la que se analizan diversos factores (internos y externos) para determinar objetivos claros y efectivos. Usualmente, se utiliza esta matriz a la hora de tomar una decisión importante, como el lanzamiento de un producto. O cuando se va a iniciar una compañía desde cero.

Los factores a evaluar son:

- Internos: Debilidades y Fortalezas de la compañía.

- Externos: Amenazas y Oportunidades que tiene la compañía dentro del mercado.

Media Mix

Mezcla de medios que utiliza una marca para difundir su contenido publicitario. Pueden ser medios tradicionales (radio, TV, impresos). O medios digitales (páginas web, redes sociales, blogs, etc.)

Medios ATL

O medios "Above the line", ("sobre la línea"). Son aquellos que distribuyen contenido de forma masiva, en los formatos tradicionales de televisión, radio, prensa impresa, exteriores, etc.

Medios BTL

Medios "Below the line", ("bajo la línea"). Son medios no masivos y poco tradicionales, en los que la estrategia de publicidad está segmentada a una sección específica del mercado meta. Con el objetivo de persuadirlos a adquirir un producto o servicio de manera llamativa y poco común.

Mercado Objetivo

También conocido como "target market", es el segmento específico de la población donde convergen los potenciales clientes para una marca. Es decir, el grupo de personas que cumple con las características y gustos adecuados que pueden adquirir determinado producto.

El grupo de consumidores ideales que pueden posicionar una marca y elevar las ventas de un producto o servicio.

Microsite

Es una página web pequeña dentro de otra página web más grande. Tiene la función de promocionar productos y servicios de la misma marca, pero otros clientes por separado.

Motor de búsqueda

Sistema que ordena la información de los sitios web en internet para ofrecer esa lista en los resultados de las búsquedas de los usuarios. Búsquedas que, mediante las etiquetas, están relacionadas con los temas de las diversas páginas disponibles.

N

Navegador

Software o programa que permite acceder a internet desde cualquier dispositivo. Configura la información de las páginas web para que puedan visualizarse en todos los formatos.

Neuromarketing

Estrategia que aplica técnicas de neurociencia y psicología a favor de mejorar el marketing de una marca. Estudia cuáles son los efectos de la publicidad en el cerebro humano, así como también el comportamiento de los usuarios.

De ese modo, trabaja en técnicas para configurar la conducta de los clientes potenciales mediante el mercadeo de un producto.

Nicho de mercado

Es el segmento del mercado que no ha sido completamente cubierto y donde se tiene mayor oportunidad de éxito. Porque hay una demanda insatisfecha, se tiene más posibilidades de posicionar una marca que satisfaga a los clientes.

Nutrición de Leads

Es un método que consiste en establecer una relación estrecha con el lead al brindarle información útil y valiosa en un período de tiempo determinado. El objetivo es desarrollar una conexión con la marca hasta que el cliente decida comprar un producto.

Se le llama nutrición porque es un proceso lento y sutil, pero muy efectivo para obtener resultados positivos.

Una de las técnicas para cultivar leads es mediante el email marketing, telemarketing o campañas de comunicación directa con el cliente en redes sociales.

O

Objetivos de marketing

Son las metas que se propone alcanzar una compañía con sus campañas publicitarias, su producto o modelo de negocios. Estos objetivos deben ser claros y alcanzables para poder trazar un plan de acción dirigido a la obtención de resultados eficientes.

Oportunidades

Variable de la Matriz DOFA en la que se analizan las oportunidades externas que tenga un negocio en determinado mercado.

Overlay

Tipo de anuncio publicitario que aparece superpuesto con un contenido audiovisual mientras se visita una página web. Usualmente, el video se reproduce automáticamente, con la intención de captar así el interés del usuario.

P

Página web

Es un sitio en internet nombrado con un dominio único, que pertenece a una marca comercial o personal. Esta página se compone de otras pequeñas páginas en las que se presenta contenido de interés en formato de texto, imágenes, o multimedia.

Se puede acceder a ella a través de un navegador, gracias a un enlace URL.

Podcast

Tipo de archivo de audio que se puede escuchar o descargar desde un dispositivo con conexión a internet. Las páginas donde se pueden reproducir estos archivos ameritan la suscripción del usuario para disfrutar de este servicio gratuito. Tal como una aplicación, el cliente puede elegir sus preferencias, guardar archivos y escucharlo donde y cuando quiera.

El contenido de un podcast es muy variado, van desde entrevistas (con un formato similar al de la radio) a lecturas diarias de audiolibros. Se ha vuelto muy popular y es un medio ideal para atraer y fidelizar nuevos clientes con contenido audible de valor.

Pop-up

Tipo de anuncio publicitario que aparece como una ventana emergente en la pantalla del navegador. Suelen contener un texto muy corto o imágenes animadas que invitan al usuario a realizar una acción rápida. Llenar un formulario, descargar un archivo, entre otros.

Posición promedio

En Google AdWords, la posición promedio es la estadística que posiciona a un anuncio en comparación con los demás. Es decir, mientras más alta sea la posición promedio de un anuncio, mejor es su desempeño con los usuarios.

Esta clasificación determina el orden en el que los anuncios aparecerán en los resultados de las búsquedas de los usuarios.

Post

Es una publicación de contenido nuevo en cualquiera de los canales de difusión de la marca. Tanto en su página web, blog, redes sociales, entre otros.

Prosumer

Aquel usuario que, además de ser un consumidor de contenido, ("consumer"), también produce contenido nuevo con sus interacciones, ("producer"). De allí el término "prosumer", o "prosumidor".

Sus opiniones y comentarios acerca de un producto o servicio se comparten entre los mismos usuarios. Por tanto, esa creación nueva de contenido de marca se difunde y genera mayor visibilidad y popularidad.

Publicidad contextual

En este glosario de términos para publicidad, son los anuncios que se relacionan directamente con el contenido específico de una página web. Por ejemplo, ver el anuncio de una aerolínea en el post de un blog de viajes.

R

Real Time Marketing

Es una estrategia publicitaria en la que se crean mensajes para publicarlos en los momentos más adecuados, en tiempo real.

Esto significa que el contenido se relaciona con un evento o situación que esté transcurriendo. Se publica el contenido durante el transcurso del evento para conseguir mayor visibilidad y engagement con los usuarios.

Red de Display de Google

Listado de más de 2.000.000 de páginas web y plataformas en donde puedes difundir tu anuncio creado con Google AdWords.

Redes Sociales

Son plataformas online compuestas de comunidades de personas con gustos en común, que comparten contenidos multimedia relacionados con esos intereses.

Además, estas páginas permiten que los usuarios mantengan contacto directo e intercambien información con personas nuevas.

Resultados naturales de la búsqueda

Son los resultados orgánicos, o no pagados por ningún anunciante, en los que las posiciones del ranking son naturales. Es decir, que estas posiciones las determina el comportamiento del contenido de cada página web.

Los primeros resultados tienen mayor popularidad entre los usuarios, y viceversa.

Rotación publicitaria

Sistema que rota de forma aleatoria la distribución de anuncios en diversas páginas web, o las secciones de estas páginas.

S

Segmentación

Proceso en el que se fragmenta el mercado meta de un producto o servicio en varios grupos pequeños, más parecidos entre sí. Esta estrategia se utiliza para diseñar un contenido que sea más preciso a la hora de abordar a los usuarios. Esta precisión luego se traducirá en un posicionamiento de marca más eficiente.

La segmentación ahorra tiempo, dinero y esfuerzos, además de ser muy útil para la personalización del contenido. Porque mientras más individualizado sea el contenido, mayores son las posibilidades de convertir un usuario en un cliente potencial.

Seguimiento

Proceso en el que se observa el progreso de una campaña, donde los datos estadísticos de su rendimiento dictarán si se está ejecutando correctamente o no.

SEO

El posicionamiento en buscadores o "Search Engine Optimization" (SEO), consiste en implementar técnicas para mejorar el posicionamiento de un contenido en los motores de búsqueda. Mediante el uso estratégico de las palabras clave que buscan los usuarios, el SEO se encarga de subir de posición un contenido en el ranking de búsquedas.

De ese modo, la página web optimizada podrá ser una de las primeras opciones en los resultados de búsqueda de un cliente potencial.

Slogan

Frase corta, dinámica y sencilla de recordar que destaca los atributos de un producto o servicio. Esta línea resume el mensaje publicitario general, frase con la que los usuarios podrán identificar la marca en cuestión.

Spam

Son todos los correos electrónicos que el usuario no ha solicitado. Usualmente, tienen promociones o publicidades y no contenido de valor para el usuario.

Estos los envían diversas compañías masivamente para captar más clientes potenciales.

Spiders

Programa que usan los motores de búsqueda para buscar sitios web para indexar en la red. Así se podrá facilitar la búsqueda que realicen los usuarios mediante palabras clave que aparezcan en este sitio web.

Sponsor

Es el patrocinador, persona o compañía que decide colaborar en calidad de socio con una página web. Este financiamiento se ofrece a cambio de beneficios publicitarios, económicos o legales.

Spokesperson

Portavoz de la marca o representante. Generalmente es una persona con cierto grado de fama que ayuda a apalancar la marca con el mercado cautivo de la persona.

Storytelling

Proceso en el que se cuenta una historia relacionada con una marca para generar una conexión emocional con los usuarios. De ese modo, apelando a las emociones, se puede fidelizar a los clientes más rápido.

Suscriptor

Usuario que se inscribe en una página web y acepta recibir correos electrónicos con actualización de contenido, promociones o información de una compañía, página web o blog.

T

Tiempo de estancia promedio

Es el tiempo aproximado que pasan los usuarios navegando en un sitio web. Este es uno de los factores que Google considera al posicionar una página web en los resultados de búsqueda.

Con este dato, Google puede determinar si el contenido es lo suficientemente interesante como para mostrarlo en las primeras opciones de los resultados de los usuarios.

Tráfico

Número de visitas que obtiene un sitio web en un período de tiempo determinado.

Tráfico inorgánico

Visitas que llegan a un sitio web pagadas por el mismo anunciante.

Tráfico orgánico

Visitas que obtiene un sitio web mediante el SEO, contenido de valor y redes sociales.

U

URL

En palabras más técnicas, esta es la dirección del enlace de una página web. Cualquier sitio o archivo alojado en internet, puede buscarse mediante su dirección URL.

URL Shortener

Programa en línea que permite acortar las direcciones URL. Usualmente, se usa al compartir una URL en las redes sociales, donde el texto debe ser más corto y atractivo.

Usuario

Cualquier persona con acceso a internet que navega en diversos sitios web, con potencial de convertirse en un cliente potencial si se ve expuesto a determinado contenido publicitario.

V

Valor añadido

Es todo aquello que el cliente recibe, además del producto, que lo deja plenamente satisfecho. Puede ser un elemento material, intelectual e incluso emocional. El cliente lo obtiene al momento de realizar una compra o adquirir un servicio que le resulte efectivo y agradable.

Ventaja competitiva

Ventaja que tiene una marca por encima de sus competidores. Generalmente, se obtiene al ofrecer productos de mayor calidad a mejor precio. O, por el contrario, productos de calidad a mayor precio, pero que tengan la garantía de ser lo más beneficiosos posibles.

La estrategia puede variar, pero la esencia es la misma. Se trata de investigar el mercado cuidadosamente para saber qué es lo que la competencia no les está ofreciendo a los clientes. De ese modo, si fabricas algo con demanda insatisfecha, aumentarás las ventas. Y, por ende, tu ventaja competitiva.

Visitante recurrente

Usuario que navega la misma página web constantemente, y que interactúa con el contenido de manera periódica.

En ese sentido, se reconoce a un visitante recurrente porque se registran las cookies en su navegador en la primera visita. Y con esas cookies, la página web puede identificar quiénes son visitantes nuevos y cuáles recurrentes.

Visitas

Porcentaje estadístico que informa cuántas veces los usuarios han navegado por una determinada página web.

Vistas

Porcentaje estadístico que le permite a un anunciante saber cuántas veces los usuarios han visto su banner, página web o contenido publicitario.

W

Webinar

Conferencia, seminario, taller o curso que se dicta en un programa en línea en formato de video. Muchos de estos talleres son en tiempo real, lo que permite la interacción directa entre los usuarios y el conferencista.

BIBLIOGRAFÍA

- Sinek, S. (2009). Start with why: How great leaders inspire everyone to take action. Penguin.
- Kotler, P. (2012). Kotler on marketing. Simon and Schuster.
- de Waal Malefyt, T., & Moeran, B. (Eds.). (2020). Advertising cultures. Routledge.
- Moriarty, S. E., Mitchell, N., Wells, W., & Moriarty, S. E. (2012). Advertising & IMC: principles & practice. Upper Saddle River, NJ: Pearson.
- Colectivo. (2018). Términos de Publicidad. 2020, de Gobierno de España Sitio web: http://recursos.cnice.mec.es/media/publicidad/extras/glosariogen.html
- Vitale, J. (2010). Hypnotic writing: How to seduce and persuade customers with only your words. John Wiley & Sons.

MULTIMEDIA

A lo largo de este libro encontraste códigos QR que te llevan a diferentes videos. Sin embargo, yo no hice esos videos, ni los subí, ni poseo sus derechos, por lo que en cualquier momento podrían desaparecer.

Si al escanear el código QR no te lleva a ningún lado, te ofrezco una disculpa.

Para que no pierdas ninguno de los ejemplos que he querido mostrarte, enlisto a continuación a dónde deberían llevar esos códigos QR, por si algún día llegaran a fallar.

1. Droptree | "HD Delivery" (OFFICIAL MUSIC VIDEO)

2. Frank Grimes en los Simpsons, momento cuando va a cenar en casa de Homero.

3. Anuncio Doritos 3D 2001 México "Le quita lo plano a tu vida"

4. 60 Years of Walt Disney Imagineering | Disney Parks

5. Starbucks—creating a personalized Web and Assistant experience | Centered Ep 6

6. Go Ride | Harley-Davidson 2021

7. Nike, Find Your Greatness campaña 2012

ACERCA DEL AUTOR

J.R.S. Saenz, es publicista desde hace más de 10 años, experto en neurobranding, marketing, y autor de novelas publicadas en Amazon traducidas a varios idiomas. Además de ser profesor de publicidad en universidad.

Ha producido más de 1000 anuncios de televisión, radio e interactivos, con experiencia en una amplia gama de mercados como; farmacéutica, entretenimiento, startups. educación y mucho más. Trabajó para compañías como UBER, MERCK, Cartoon Network, Kimberly Clark, WWF, Turner International y Laureate International Universities.

En sus novelas refleja una narrativa clásica con estilo contemporáneo. Pasando de lo juvenil y futurista con "Dreams Digital", lo post-apocalíptico y sagrado con "Babilon", a lo fantástico y aterrador en la saga de "Los Reyes Inmortales: El Tormento del Amanecer".

www.ingramcontent.com/pod-product-compliance
Lightning Source LLC
Chambersburg PA
CBHW070648220526
45466CB00001B/341